Prüfungstrainer zur Entwicklungspsychologie
im Kindes- und Jugendalter

Ihr Bonus als Käufer dieses Buches

Als Käufer dieses Buches können Sie kostenlos unsere Flashcard-App „SN Flashcards" mit Fragen
zur Wissensüberprüfung und zum Lernen von Buchinhalten nutzen. Für die Nutzung folgen Sie bitte
den folgenden Anweisungen:

1. Gehen Sie auf **https://flashcards.springernature.com/login**
2. Erstellen Sie ein Benutzerkonto, indem Sie Ihre Mailadresse angeben und ein Passwort vergeben.
3. Verwenden Sie den Link aus einem der ersten Kapitel um Zugang zu Ihrem SN Flashcards Set zu erhalten.

Ihr persönlicher SN FlashardsLink befindet sich innerhalbder ersten Kapitel.

Sollte der Link fehlen oder nicht funktionieren, senden Sie uns bitte eine E-Mail mit dem Betreff **„SN Flashcards"**
und dem Buchtitel an **customerservice@springernatue.com**.

Margarita Stolarova • Sabina Pauen

Prüfungstrainer zur Entwicklungspsychologie im Kindes- und Jugendalter

Lernhilfe-Begleitbuch

2., vollständig überarbeitete Auflage

 Springer

Margarita Stolarova
Katholische Stiftungshochschule München
München, Deutschland

Sabina Pauen
Psychologisches Institut
Universität Heidelberg
Heidelberg, Deutschland

Zusätzliches Material zu diesem Buch finden Sie auf http://www.lehrbuch-psychologie.springer.com.

ISBN 978-3-662-64719-6   ISBN 978-3-662-64720-2   (eBook)
https://doi.org/10.1007/978-3-662-64720-2

Die Deutsche Nationalbibliothek verzeichnet diese Publikation in der Deutschen Nationalbibliografie; detaillierte bibliografische Daten sind im Internet über https://portal.dnb.de abrufbar.

Einbandabbildung: © FatCamera / Getty Images / iStock

Planung/Lektorat: Marion Kräemer, Judith Danziger
Springer ist ein Imprint der eingetragenen Gesellschaft Springer-Verlag GmbH, DE und ist ein Teil von Springer Nature.
Die Anschrift der Gesellschaft ist: Heidelberger Platz 3, 14197 Berlin, Germany

Das Papier dieses Produkts ist recyclebar.

Vorwort zur 2. Auflage

Im April 2020 erschien die 1. Auflage unseres Prüfungstrainers zur 4. Auflage des Lehrbuchs *Entwicklungspsychologie im Kindes- und Jugendalter*, und wir freuen uns sehr, dass der Prüfungstrainer so großartig angenommen wurde und sich steigender Beliebtheit erfreut. Die bereits innerhalb eines Studienjahres verzeichneten hohen Download- und Verkaufszahlen haben uns ermutigt, eine 2. Auflage zu veröffentlichen. Das wurde auch deswegen notwendig, weil mittlerweile die 5. Auflage des dazugehörigen Lehrbuchs *Entwicklungspsychologie im Kindes- und Jugendalter* erschienen ist. Die Aktualisierungen im Lehrbuch und im Prüfungstrainer werden auch zukünftig Hand in Hand gehen. Der Erfolg gibt uns Recht: Der Prüfungstrainer ist eine wertvolle Ergänzung des Lehrbuchs, und zwar gleichermaßen für Lehrende wie auch für Lernende der Entwicklungspsychologie.

Die plötzlich notwendig gewordene, flächendeckende Onlinelehre, die beim Erscheinen der 1. Auflage noch nicht absehbar war, gab Anlass zu weiteren Verbesserungen in der vorliegenden 2. Auflage des Prüfungstrainers. Das selbstständige, strukturierte und zielgerichtete Durcharbeiten der Inhalte des Lehrbuchs mussten nun viele Studierende mit deutlich weniger Unterstützung durch persönlichen Kontakt in Präsenzveranstaltungen bewältigen. Ob parallel zu den Veranstaltungen in Präsenz oder online, der Prüfungstrainer will weiterhin eine gute Hilfe bei der Aneignung der Lehrbuchinhalte sein.

Vor diesem Hintergrund ergreifen wir gerne die Gelegenheit, den Prüfungstrainer auf der Grundlage der Rückmeldungen von Studierenden und Dozierenden zu verbessern und eine 2. Auflage kurz nach dem Erscheinen der 5. Auflage des Lehrbuchs *Entwicklungspsychologie im Kindes- und Jugendalter* herauszugeben. Eine Neuauflage ist immer auch eine gute Gelegenheit für Erweiterungen und Verbesserungen. Es wurden inhaltliche Erweiterungen vorgenommen und deutlich mehr Fragen im Multiple-Response-Format aufgenommen, die auch in die Flashcards Lern-App Eingang fanden. So gibt es nun mindestens 40 Fragen zu jedem Kapitel, mindestens 10 davon sind als Multiple-Response-Fragen formuliert. Die Hinweise in der Randspalte und am Ende der einzelnen Kapitel wurden überarbeitet und erweitert, Links und Vertiefungshinweise wurden aktualisiert. Ein wesentlicher Aspekt des Prüfungstrainers ist der enge Bezug zur jeweils aktuellen Auflage des Lehrbuchs, einschließlich der Seitenzahlangaben als Hinweis dazu, wo die Antworten im Buch jeweils zu finden sind. Die Aktualisierung des Lehrbuchs hat zu deutlichen Verschiebungen geführt, daher haben wir diese ebenfalls entsprechend angepasst.

Wir wünschen Ihnen viel Erfolg mit dem vorliegenden Prüfungstrainer und freuen uns weiterhin auf Ihre Rückmeldungen dazu, die wir gerne bei einer nächsten Auflage berücksichtigen werden. Wenden Sie sich diesbezüglich bitte per E-Mail an die Erstautorin, Dr. Margarita Stolarova (margarita.stolarova@gmail.com), oder an das Lehrbuchteam beim Springer-Verlag (redaktion@lehrbuch-psychologie.de). Vielen Dank!

Margarita Stolarova
München, Deutschland

Sabina Pauen
Heidelberg, Deutschland
Januar 2023

Vorwort zur 1. Auflage

Den Anstoß zu diesem Prüfungstrainer verdanken die Autorinnen ihren Studierenden, insbesondere den Psychologiestudierenden der Universität Konstanz, die im Sommersemester 2015 die Vorlesung „Entwicklungspsychologie des Kindesalters" besucht haben und von Dr. Stolarova unterrichtet wurden. Sie stehen mit ihren Fragen, ihren Sorgen, ihren Bedürfnissen und ihren Zielen stellvertretend für viele Studierende an unterschiedlichen Hochschulen und in verschiedenen Fachrichtungen.

Vom ersten Vorlesungstag an schwebte die Prüfung über ihnen, und bohrende Fragen standen im Raum: „Was kommt in der Prüfung dran? Was muss ich genau wissen, um zu bestehen? Sind die Präsentationsfolien aus der Vorlesung ausreichend? Muss ich das *ganze* Buch lesen? Muss ich das alles auswendig lernen? Kommen auch Aspekte in der Prüfung dran, die in der Vorlesung gar nicht besprochen wurden? Was ist mit den ergänzenden Quellen und Inhalten, die nicht im Buch vorhanden sind, aber besprochen wurden – sind diese ebenfalls prüfungsrelevant? Was ist, wenn ich die Prüfung nächstes Semester ablege – kommt dann dasselbe dran, wie jetzt?"

Auch der Dozentin stellten sich drängende Fragen: Was tun, mit einer wunderbaren Gruppe von jungen Menschen, von denen manche genuin an den Inhalten interessiert, andere sehr auf den eigenen Prüfungserfolg bedacht, wiederum andere ein wenig zu gelassen zu sein scheinen? Wie kann man am besten sicherstellen, dass möglichst viele von ihnen einen guten Zugang zum Lerngebiet erhalten und sich solides Wissen erarbeiten?

Dozenten denken oft, ein gutes Lehrbuch als Grundlage der Vorlesung – ergänzt um Originaltexte, Forschungsliteratur und das eine oder andere Lehrvideo – seien völlig ausreichend für die Wissensvermittlung. Wie selbstverständlich gehen sie davon aus, dass Inhalte verstanden und auf gar keinen Fall nur auswendig gelernt werden sollten.

Doch im Normalfall läuft es anders: Viele Studierende erscheinen zwar regelmäßig zur Vorlesung, aber sie bereiten die einzelnen Sitzungen nicht unbedingt vor oder nach. So kommt es, dass sie gegen Ende des Semesters, wenn die Prüfung naht, immer panischer werden und sich in ihren sonst so neugierig-freundlichen Augen verstärkt Unverständnis und Unsicherheit spiegeln.

Der Fragenkatalog, der dem vorliegenden Prüfungstrainer zugrunde liegt, entstand als didaktisches Werkzeug in Zusammenarbeit zwischen den Studierenden und Dozierenden: Er sollte Klarheit schaffen und der Angst vor der Abschlussprüfung entgegenwirken, er sollte Lernlust wecken, systematisches, selbstwirksames, nachhaltiges Lernen ermöglichen und den Studierenden die Verantwortung für den eigenen Lernerfolg zurückgeben. Er sollte Bezüge schaffen zwischen den Inhalten in der Entwicklungspsychologie und anderen Studienfächern, aber auch zwischen dem Lernen an der Universität und dem Leben außerhalb.

Während des Semesters wurden Woche für Woche neben der ergänzenden Literatur, den Vorlesungspräsentationen und anderen Quellen auch mögliche Prüfungsfragen online zur Verfügung gestellt. Die Studierenden wussten, dass sie, wenn sie diesen Fragenkatalog systematisch durcharbeiteten, mehr als genug gelernt haben würden, um die Prüfung zu bestehen. Sie verstanden auch: Auswendiglernen ergibt bei dieser Menge an Lernstoff wenig Sinn.

So etablierten die Studierenden von sich aus eine kleine Besprechungsrunde im Anschluss an die einzelnen Vorlesungseinheiten, in denen Fragen und Antworten diskutiert und um Inhalte gerungen wurde. Schnell bildeten sich Lerngruppen, Skripte entstanden, Antwortvariationen kursierten über Social-Media-Gruppen und E-Mail-Verteiler. Und eines war sicher: Nicht nur hatten sie angefangen zu lernen, sie waren nun auch so weit, kritisch über die Inhalte nachzudenken, diese zu hinterfragen und weiterzuentwickeln.

Bereits in dieser ersten, vorläufigen Fassung war der Fragenkatalog ein Erfolg: Die Studierenden und auch ihre Dozentin begriffen ihn als Gelegenheit zur Diskussion, als Werkzeug zum systematischen Erarbeiten der Lerninhalte auf der Grundlage eines guten Lehrbuchs, ergänzt um eigene Schwerpunkte und Originalliteratur. Dass aus diesem vorläufigen Fragenkatalog der vorliegende Prüfungstrainer geboren wurde, verdanken die Autorinnen einer Reihe von studentischen und wissenschaftlichen Hilfskräften, die über die Jahre akribisch daran mitwirkten.

An der Universität Konstanz unterstützten Sarah Möller und Aenne Brielmann, am Deutschen Jugendinstitut Daniela Kiem, Cornelia Kreß von Kreßenstein und Julia Brielmaier das Projekt. Seitens des Springer-Verlags wurde die Publikation durchgängig von Marion Krämer und Judith Danziger wohlwollend und konstruktiv begleitet. Und den Feinschliff verdanken die einleitenden und abschließenden Textbausteine dem kritischen Blick von Jörg Lackner.

Den Studierenden und Dozierenden, die dieses Werk nutzen, wünschen wir viel Erfolg und viel Freude damit.

Margarita Stolarova
München, Deutschland

Sabina Pauen
Heidelberg, Deutschland
Juni 2019

Anleitung zur Nutzung des Prüfungstrainers

- **Hinweise für Lernende**

Dieser Prüfungstrainer ist als Lernhilfe gedacht, um das systematische, eigenständige Erarbeiten und Festigen der Inhalte des Lehrbuchs *Entwicklungspsychologie im Kindes- und Jugendalter* zu erleichtern. Wenn Sie die Fragen gezielt durcharbeiten und die vielfältigen Möglichkeiten zur Wiederholung, zur Selbstüberprüfung und zur Diskussion, z. B. in Lerngruppen, nutzen, erwerben Sie verlässlich abrufbares Wissen. Sie können Bezüge zu anderen Themenbereichen herstellen und üben den Transfer von Wissen in Handlungskompetenzen. So können Sie gelassen den Prüfungsformaten entgegensehen, die auf den Inhalten des Lehrbuchs basieren. Und was vielleicht noch wichtiger ist: Sie lernen auf diese Weise nachhaltig und können die Inhalte des Lehrbuchs in unterschiedlichen Kontexten nutzen. In Absprache mit den Dozierenden können auf der Grundlage des Prüfungstrainers auch konkrete Prüfungsinhalte abgeleitet werden. Ihr persönlicher Lernerfolg hängt jedoch nicht davon ab.

Gerade zu Beginn eines Studiums oder einer Ausbildung fragen sich Lernende häufig: „Wie viel muss ich wissen? Wie soll ich das (alles) lernen? Muss ich es auswendig können? Und woher weiß ich, ob ich den Lernstoff bereits gut genug beherrsche? Werde ich die Prüfung bestehen?" Der vorliegende Prüfungstrainer kann Ihnen dabei helfen, die auf Ihre Situation passenden Antworten zu finden. Die Inhalte der einzelnen Kapitel lassen sich ganz individuell im Selbststudium oder im Rahmen von Lerngruppen erarbeiten, wiederholen und vertiefen.

Wenn Sie arbeitsteilig Skripte erstellen, bleiben Sie stets kritisch und vorsichtig: Es soll bereits vorgekommen sein, dass ganze Prüfungskohorten denselben Fehler in einer Prüfung gemacht haben, der sich nachfolgend auf ein fehlerhaftes Skript zurückführen ließ. Arbeitsteilige Skripterstellung kann gut, hilfreich und auch zeitsparend sein. Sich blind auf die Richtigkeit zu verlassen, wäre aber nicht klug, sondern fahrlässig.

Und wenn wir schon bei Fehlern sind: Weder dieser Prüfungstrainer noch das dazugehörige Lehrbuch dürften ganz frei von Fehlern sein. Beide werden jeweils aktualisiert und verbessert immer wieder neu aufgelegt. Der Verlag und die Herausgeberinnen wären Ihnen für freundliche Hinweise auf Fehler sehr dankbar. Wenden Sie sich diesbezüglich bitte per E-Mail an die Erstautorin, Dr. Margarita Stolarova (margarita.stolarova@gmail.com), oder an das Lehrbuchteam beim Springer-Verlag (redaktion@lehrbuch-psychologie.de).

Die vorliegenden Fragen des Prüfungstrainers orientieren sich eng an den einzelnen Buchkapiteln. Wenn möglich, verweisen wir auf Seiten im Buch, auf denen Sie Antworten finden können, aber es gibt ggf. auch an anderen Stellen weitere Teilantworten. Suchen Sie beim Lesen gezielt danach und ergänzen Sie die Angaben. Bei manchen Fragen fehlen die Seitenangaben, und Sie werden auf einzelne Fragen stoßen, deren Antworten sich nicht oder nicht vollständig im Lehrbuch finden lassen. Hierbei handelt es sich oft um Fragen, die Ihnen den Transfer zu anderen Themenbereichen, beispielsweise zu anderen Teilgebieten der Psychologie oder Pädagogik, ermöglichen sollen. Oder es geht um Fallvignetten, die Ihnen kompetenzorientiertes

Lernen und den Transfer in die Praxis erleichtern sollen. Scheuen Sie sich nicht vor diesen Fragen, scheuen Sie überhaupt keine Fragen! Suchen Sie aktiv nach Antworten, diskutieren Sie, denken Sie nach und hören Sie nicht auf, selbst kritische Fragen zu stellen und jede Antwort zu hinterfragen!

Halten Sie es mit Konfuzius,[1] der gesagt haben soll:

» „Lernen ohne zu denken – das ist nutzlos. Denken, ohne etwas gelernt zu haben – das ist verderblich."

■ Hinweise für Lehrende

Dozierende, die das Lehrbuch *Entwicklungspsychologie im Kindes- und Jugendalter*, 5. Auflage, als Grundlage ihrer Veranstaltung nutzen, finden in dem vorliegenden Prüfungstrainer, 2. Auflage, eine sinnvolle Ergänzung hierzu. Dieser Prüfungstrainer kann und soll an eigene Schwerpunkte angepasst und um eigene Inhalte sowie didaktische Zugänge erweitert werden. Einzelne Fragen können beispielsweise zur gezielten Wiederholung von Lernstoff eingesetzt, ganze Kapitel im Rahmen von Tutorien genutzt werden. Zudem kann eine eigene Version des Prüfungstrainers zur gezielten Prüfungsvorbereitung und zur Klausurerstellung hilfreich sein.

Der Prüfungstrainer zielt auch darauf ab, Lehrenden – gerade zu Beginn ihrer Unterrichtskarriere – ein effektives und effizientes Unterrichten zu ermöglichen. Er muss dabei aktiv an den eigenen Lehrkontext angepasst werden: Studierende der Psychologie werden beispielsweise andere Bezüge brauchen als Studierende der Kindheitspädagogik oder der Sozialen Arbeit. Lehrbuch und Prüfungstrainer müssen als Vertiefung anders eingesetzt werden als zur Erarbeitung von Grundlagen, Bachelor-Studierende ohne Vorkenntnisse werden eine andere Anleitung brauchen als Master-Studierende.

In Grundlagenveranstaltungen, in denen die große Menge an Lernstoff erdrückend erscheinen kann, hilft es, auf konkrete Möglichkeiten des eigenständigen Erarbeitens und Wiederholens zu verweisen. Studierenden fällt es manchmal schwer, zu verstehen, dass auch diejenigen Inhalte eines Lehrbuchs, die in der Lehrveranstaltung nicht direkt zur Sprache kommen, (prüfungs-)relevant sein können. Dozierende wollen und sollen nicht die Anforderungen senken, sondern dafür sorgen, dass Lernenden die Rahmenbedingungen geboten werden, um auf hohem Niveau sowohl Wissen als auch Kompetenzen erwerben zu können.

Lehrende können Lernenden die Angst vor dem Unbekannten nehmen und selbstwirksames, effektives Lernen ermöglichen. Dieses Anliegen unterstützt der vorliegende Prüfungstrainer. Er hilft dabei, den Lernstoff klar zu definieren und mögliche Inhalte und Aufgabenformate für anstehende Prüfungen anhand konkreter Beispiele aufzuzeigen.

---

1   *Konfuzius Gespräche (Lun-yu)*. Aus dem Chinesischen übersetzt und herausgegeben von Ralf Moritz; Reclams Universal-Bibliothek Nr. 11110; ▶ https://www.reclam.de/data/media/978-3-15-011110-9.pdf.

Der Prüfungstrainer kann auch als Diskussionsgrundlage, als Ausgangspunkt für studentische Referate und Hausarbeiten oder als Anregung zum Verfassen eigener Lern- und Prüfungsfragen dienen. Und wie oben kurz erläutert: Fehlerfrei wird diese 2. Auflage vermutlich nicht sein. Sie ist gewiss auch erweiterbar. Die Autorinnen planen zu jeder neuen Auflage des Lehrbuchs parallel einen aktualisierten, erweiterten und verbesserten Prüfungstrainer vorzulegen: Wir würden uns über Ihre konstruktive Kritik und Hinweise sehr freuen. Wenden Sie sich diesbezüglich bitte per E-Mail an die Erstautorin, Dr. Margarita Stolarova (margarita.stolarova@gmail.com), oder an das Lehrbuchteam beim Springer-Verlag (redaktion@lehrbuch-psychologie.de).

Lernmaterialien zum *Prüfungstrainer zur Entwicklungspsychologie im Kindes- und Jugendalter,* 2. Auflage im Internet –
www.lehrbuch-psychologie.springer.com

- **Zum Lernen, Üben und Vertiefen – das Lerncenter:** Zum Lernen und Selbsttesten – und diversen Extras
- **Kostenlos für Käufer:innen des Buchs:** Fragen und Antworten in der Springer Nature Flashcard-App

Weitere Websites unter ▶ www.lehrbuch-psychologie.springer.com

- Kapitelzusammenfassungen
- Karteikarten: Überprüfen Sie Ihr Wissen
- Glossar mit über 400 Fachbegriffen
- Leseprobe
- Dozentenmaterialien: Abbildungen und Tabellen

- Vollständige Kapitel im MP3-Format zum kostenlosen Download
- Lehr-Videos: Informativ und unterhaltsam
- Glossar mit über 250 Fachbegriffen
- Karteikarten und Prüfungsquiz
- Foliensätze sowie Tabellen und Abbildungen für Dozentinnen und Dozenten zum Download

Inhaltsverzeichnis

1	**Die Entwicklung von Kindern: Eine Einführung**	1
1.1	Offene Fragen	2
1.2	Multiple Response	4
1.3	Richtig oder falsch?	6
	Zur Vertiefung	7
2	**Pränatale Entwicklung, Geburt und das Neugeborene**	9
2.1	Offene Fragen	10
2.2	Multiple Response	11
2.3	Richtig oder falsch?	13
	Zur Vertiefung	16
3	**Biologie und Verhalten**	17
3.1	Offene Fragen	18
3.2	Multiple Response	19
3.3	Richtig oder falsch?	23
	Zur Vertiefung	25
4	**Theorien der kognitiven Entwicklung**	27
4.1	Offene Fragen	28
4.2	Multiple Response	29
4.3	Richtig oder falsch?	32
	Zur Vertiefung	34
5	**Die frühe Kindheit – Sehen, Denken, Tun**	35
5.1	Offene Fragen	36
5.2	Multiple Response	37
5.3	Richtig oder falsch?	39
	Zur Vertiefung	41
6	**Die Entwicklung des Sprach- und Symbolgebrauchs**	43
6.1	Offene Fragen	44
6.2	Multiple Response	46
6.3	Richtig oder falsch?	48
	Zur Vertiefung	49
7	**Die Entwicklung von Konzepten**	51
7.1	Offene Fragen	52
7.2	Multiple Response	53
7.3	Richtig oder falsch?	55
	Zur Vertiefung	57

8	**Intelligenz und schulische Leistungen**	59
8.1	Offene Fragen	60
8.2	Multiple Response	61
8.3	Richtig oder falsch?	64
	Zur Vertiefung	66
9	**Theorien der sozialen Entwicklung**	69
9.1	Offene Fragen	70
9.2	Multiple Response	72
9.3	Richtig oder falsch?	75
	Zur Vertiefung	76
10	**Emotionale Entwicklung**	77
10.1	Offene Fragen	78
10.2	Multiple Response	79
10.3	Richtig oder falsch?	81
	Zur Vertiefung	83
11	**Bindung und die Entwicklung des Selbst**	85
11.1	Offene Fragen	86
11.2	Multiple Response	87
11.3	Richtig oder falsch?	90
	Zur Vertiefung	92
12	**Die Familie**	95
12.1	Offene Fragen	96
12.2	Multiple Response	97
12.3	Richtig oder falsch?	101
	Zur Vertiefung	103
13	**Beziehungen zu Gleichaltrigen**	105
13.1	Offene Fragen	106
13.2	Multiple Response	107
13.3	Richtig oder falsch?	110
	Zur Vertiefung	112
14	**Moralentwicklung**	113
14.1	Offene Fragen	114
14.2	Multiple Response	115
14.3	Richtig oder falsch?	118
	Zur Vertiefung	120

15	**Die Entwicklung der Geschlechter**	121
15.1	Offene Fragen	122
15.2	Multiple Response	123
15.3	Richtig oder falsch?	126
	Zur Vertiefung	128

16	**Beispiel einer Klausur mit Bewertungsmaßstab**	131
16.1	Beispielklausur	132
16.2	Beispielnotenspiegel	146

17	**Antworten auf die geschlossenen Fragen**	147
17.1	Antworten zu ► Kap. 1 – Die Entwicklung von Kindern: Eine Einführung	150
17.1.1	Multiple Response	150
17.1.2	Richtig oder falsch?	150
17.2	Antworten zu ► Kap. 2 – Pränatale Entwicklung, Geburt und das Neugeborene	150
17.2.1	Multiple Response	150
17.2.2	Richtig oder falsch?	151
17.3	Antworten zu ► Kap. 3 – Biologie und Verhalten	151
17.3.1	Multiple Response	151
17.3.2	Richtig oder falsch?	152
17.4	Antworten zu ► Kap. 4 – Theorien der kognitiven Entwicklung	152
17.4.1	Multiple Response	152
17.4.2	Richtig oder falsch?	153
17.5	Antworten zu ► Kap. 5 – Die frühe Kindheit – Sehen, Denken, Tun	153
17.5.1	Multiple Response	153
17.5.2	Richtig oder falsch?	153
17.6	Antworten zu ► Kap. 6 – Die Entwicklung des Sprach- und Symbolgebrauchs	154
17.6.1	Multiple Response	154
17.6.2	Richtig oder falsch?	154
17.7	Antworten zu ► Kap. 7 – Die Entwicklung von Konzepten	154
17.7.1	Multiple Response	154
17.7.2	Richtig oder falsch?	155
17.8	Antworten zu ► Kap. 8 – Intelligenz und schulische Leistungen	155
17.8.1	Multiple Response	155
17.8.2	Richtig oder falsch?	155
17.9	Antworten zu ► Kap. 9 – Theorien der sozialen Entwicklung	156
17.9.1	Multiple Response	156
17.9.2	Richtig oder falsch?	156
17.10	Antworten zu ► Kap. 10 – Emotionale Entwicklung	157
17.10.1	Multiple Response	157
17.10.2	Richtig oder falsch?	157

17.11   **Antworten zu ▶ Kap. 11 – Bindung und die Entwicklung des Selbst** 158
17.11.1 Multiple Response 158
17.11.2 Richtig oder falsch? 158
17.12   **Antworten zu ▶ Kap. 12 – Die Familie** 159
17.12.1 Multiple Response 159
17.12.2 Richtig oder falsch? 159
17.13   **Antworten zu ▶ Kap. 13 – Beziehungen zu Gleichaltrigen** 160
17.13.1 Multiple Response 160
17.13.2 Richtig oder falsch? 160
17.14   **Antworten zu ▶ Kap. 14 – Moralentwicklung** 160
17.14.1 Multiple Response 160
17.14.2 Richtig oder falsch? 161
17.15   **Antworten zu ▶ Kap. 15 – Die Entwicklung der Geschlechter** 161
17.15.1 Multiple Response 161
17.15.2 Richtig oder falsch? 162

Die Entwicklung von Kindern: Eine Einführung

Inhaltsverzeichnis

1.1   Offene Fragen – 2

1.2   Multiple Response – 4

1.3   Richtig oder falsch? – 6

        Zur Vertiefung – 7

© Springer-Verlag GmbH Deutschland, ein Teil von Springer Nature 2023
M. Stolarova, S. Pauen, *Prüfungstrainer zur Entwicklungspsychologie im Kindes- und Jugendalter*,
https://doi.org/10.1007/978-3-662-64720-2_1

1

1.1 Offene Fragen

1. Skizzieren Sie in Grundzügen die sogenannte Kauai-Studie von Emmy Werner und ihrer Forschungsgruppe. Welche Kernfrage wollten die Forschenden damit beantworten? Wie lautete ihre Antwort darauf? [S. 2 f.]

Interview mit Emmy Werner zu ihrem Leben, der Untersuchung der Entwicklung von Resilienz und der Bedeutung der Lehre in der Entwicklungspsychologie: ▶ https://www.youtube.com/watch?v=jzcLo-LHTms.

2. Definieren Sie den Begriff „Resilienz". Illustrieren Sie diese Definition durch ein *eigenes* Beispiel für resiliente Entwicklung, nehmen Sie nicht das Beispiel aus dem Buch! [S. 2]
3. Nennen Sie drei Hauptgründe für die Erforschung der Entwicklung von Kindern. Formulieren Sie jeweils eine Frage, die im Rahmen jeder dieser Forschungsmotivationen gestellt werden könnte. Denken Sie sich bitte eigene Fragen und Beispiele aus, nehmen Sie nicht ausschließlich die, die im Lehrbuch angegeben sind. [S. 3 f.]
4. In Studien mit Kindern, die als Säuglinge in osteuropäischen Heimen Deprivation und Vernachlässigung erfahren haben und später von westeuropäischen und amerikanischen Familien adoptiert wurden, wurden u. a. Effekte der frühen Umwelt auf die psychosoziale, die gesundheitliche und die kognitive Entwicklung untersucht. Skizzieren Sie den für Sie wichtigsten Befund dieser Studie und erläutern Sie dessen Bedeutsamkeit. [S. 6 f.]

Kindesentwicklung

5. In dem Lehrbuch *Entwicklungspsychologie im Kindes- und Jugendalter* sind sieben Leitfragen zur Kindesentwicklung aufgeführt. Nennen Sie diese, formulieren Sie jeweils eigene Beispielfragen und beschreiben Sie drei der sieben Leitfragen ausführlich. [S. 10 f.]

6. Definieren Sie die Begriffe „Anlage" und „Umwelt". Finden Sie jeweils ein konkretes Beispiel aus Ihrer eigenen Entwicklungsgeschichte zur Illustration. [S. 10 f.]

7. Was ist „Epigenetik"? Geben Sie ein Beispiel für einen epigenetisch begründeten Prozess mit Auswirkungen auf das menschliche Verhalten. [S. 12 f.]

8. Definieren Sie den Begriff „soziokultureller Kontext" und geben Sie zwei Beispiele für unterschiedliche soziokulturelle Kontexte. [S. 18 f.]

9. In Ihrem Lehrbuch werden Armutsraten für verschiedene Gruppen in den USA berichtet [S. 20]. Worauf sind die großen Unterschiede der Einkommenssituation zwischen alleinerziehenden Müttern und Väter in den USA Ihrer Meinung nach zurückzuführen? Recherchieren Sie diese Zahlen für Deutschland/Schweiz/Österreich und die EU. Vergleichen Sie und diskutieren Sie Ähnlichkeiten, Unterschiede und die Entwicklung der letzten zehn Jahren.

10. Wodurch unterscheidet sich eine wissenschaftliche Hypothese von einer Vermutung? [S. 24 f.]

11. Welche vier Schritte müssen bei der wissenschaftlichen Methode beachtet werden? Geben Sie für jeden Schritt jeweils ein konkretes Beispiel. [S. 24 f.]

12. Definieren Sie die Begriffe „Reliabilität" und „Validität" und nennen Sie zu diesen jeweils ein Beispiel aus der Entwicklungspsychologie. [S. 24 f.]

13. Wie unterscheiden sich die Methoden der Feldbeobachtung und der strukturierten Beobachtung voneinander? Welche Vor- und Nachteile haben diese jeweils? [S. 27 f.]

14. Was ist der Unterschied zwischen korrelativen und kausalen Zusammenhängen? Welche Art wird in der Entwicklungspsychologie häufiger untersucht und warum? [S. 29 f.]

15. Weshalb reichen Korrelationen nicht aus, um auf Ursache-Wirkungs-Beziehungen zu schließen? Welche Designs sind stattdessen hierfür heranzuziehen? [S. 30 f.]

16. Geben Sie jeweils ein Beispiel für eine korrelative und eine kausale Beziehung zwischen zwei Variablen. [S. 30 f.]

17. Warum ist die Korrelation zwischen zwei Variablen kein Beleg dafür, dass diese in einer kausalen Beziehung zueinander stehen? Geben Sie ein konkretes Beispiel für eine hohe Korrelation bei fehlendem kausalem Zusammenhang zwischen zwei Variablen. [S. 30 f.]

18. Was versteht man unter einer *Randomisierung* und warum ist diese in der empirischen Entwicklungspsychologie wichtig? [S. 31]

Eigene Beispiele helfen Ihnen dabei, abstrakt formulierte Prinzipien zu verstehen und zu hinterfragen. So können Sie Inhalte in der Regel auch besser behalten.

Methoden der Untersuchung kindlicher Entwicklung

1

Manche Fragen sind spezifisch für Studiengänge der Psychologie. Wenn Sie dieses Lehrbuch in anderen Kontexten, z. B. in pädagogischen Studiengängen, nutzen, passen Sie die Fragen entsprechend an.

19. Welche Unterschiede und welche Gemeinsamkeiten sehen Sie zwischen den Teilgebieten „Entwicklungspsychologie" und „Sozialpsychologie"?
20. Nennen Sie jeweils zwei Vor- und Nachteile von Korrelations- und von Experimentaldesigns. Illustrieren Sie diese mit eigenen Beispielen. [S. 29 ff.]

1.2 Multiple Response

21. Werden Anreize, die für die psychische und körperliche Entwicklung eines Kindes notwendig sind, entzogen, sprechen wir von [S. 6 ff.]
    a. Depression.
    b. Deprivation.
    c. Desillusion.
    d. Destillation.
22. Welche der im Folgenden genannten Philosophen beschäftigten sich mit Aspekten der heutigen Entwicklungspsychologie? [S. 8 f.]
    a. Platon
    b. Aristoteles
    c. Rousseau
    d. Locke
23. Stufentheorien [S. 14 f.]
    a. definieren Entwicklung als Abfolge diskontinuierlicher Stadien.
    b. gehen davon aus, dass Entwicklung in kleinen, aufeinander aufbauenden, kontinuierlichen Schritten erfolgt.
    c. sagen qualitative Unterschiede zwischen den Entwicklungsstadien voraus.
    d. sagen quantitative Unterschiede zwischen den Entwicklungsstadien voraus.
    e. definieren altersabhängige Entwicklungsphasen.
    f. beziehen sich ausschließlich auf kognitive Entwicklungsprozesse.
24. Welchen der folgenden Entwicklungsmodellen liegen stufentheoretische Annahmen zugrunde? [S. 15 f.]
    a. Kohlbergs Theorie der Moralentwicklung
    b. Piagets Theorie der kognitiven Entwicklung
    c. Freuds Theorie der psychosexuellen Entwicklung
    d. Eriksons Theorie der psychosozialen Entwicklung
25. Welche der folgenden Aspekte gehören *nicht* zum soziokulturellen Kontext von Kindern, die zwischen 2020 und 2022 in Berlin geboren werden? [S. 18 ff.]
    a. Anzahl Geschwister
    b. Wohnsituation (z. B. Größe und Lage der Wohnung)

   c. Einkommen der Eltern

   d. Geschlecht der Eltern

   e. Die Nachbarschaft/der „Kietz"

   f. Religionszugehörigkeit der Eltern

   g. Föderales Staatssystem

   h. Freundeskreis

   i. Krippe

   j. Berufsabschluss der Eltern

   k. Bildungssystem in Berlin und Brandenburg

   l. Politische Einstellungen von Eltern und Großeltern

26. Welche Eigenschaft gibt an, ob die gemessenen Effekte ursächlich (kausal) auf die gezielt manipulierten Variablen zurückzuführen sind? [S. 25 f.]

   a. Externe Validität

   b. Interrater-Reliabilität

   c. Interne Validität

   d. Test-Retest-Reliabilität

27. Bei einem mikrogenetischen Design werden [S. 34 f.]

   a. zwei oder mehrere Gruppen von Kindern mit unterschiedlicher ethnischer Herkunft untersucht.

   b. dieselben Kinder innerhalb eines kurzen Zeitraums wiederholt untersucht.

   c. geringe Abweichungen der genetischen Anlage von Kindern untersucht.

   d. Embryonen im Mutterleib untersucht.

28. Welche Aussage(n) trifft/treffen auf Querschnittstudien zu? [S. 33 f.]

   a. In Querschnittstudien werden Kinder über längere Zeit wiederholt untersucht.

   b. In Querschnittstudien sind Altersunterschiede häufig damit konfundiert, dass die unterschiedlich alten Kinder auch unterschiedlichen Kohorten angehören.

   c. In Querschnittstudien werden Kinder unterschiedlichen Alters zu einem Zeitpunkt untersucht.

   d. Querschnittstudien erlauben keine Aussagen über die Stabilität individueller Unterschiede im Zeitverlauf.

29. Welche Aussage(n) trifft/treffen auf Längsschnittstudien *nicht* zu? [S. 33 f.]

   a. In Längsschnittstudien werden Kinder über längere Zeit wiederholt untersucht.

   b. In Längsschnittstudien werden Kinder unterschiedlichen Alters zu einem Zeitpunkt untersucht.

   c. Längsschnittstudien zeigen das Ausmaß der Stabilität und der Veränderung über längere Zeiträume an.

   d. Längsschnittstudien zur kindlichen Entwicklung sind in der Regel schnell und leicht durchzuführen.

Lerntipp: Versuchen Sie, zu verstehen und nicht auswendig zu lernen oder zu raten. Geschlossene Fragen, bei denen alle und auch keine Option richtig sein können, helfen Ihnen dabei.

1

30. Bei der Planung und Durchführung von Forschungs-
projekten mit Beteiligung von Kindern [S. 36 f.]
    a. müssen Forschende besondere Vorsicht walten lassen,
       weil Kinder (und Jugendliche) zu den besonders vulne-
       rablen und schützenswerten Personengruppen gehören.
    b. müssen die Erziehungsberechtigte über alle Aspekte des
       Forschungsprojekts informiert werden.
    c. dürfen Erziehungsberechtigte und Kinder ihr Einver-
       ständnis zur Teilnahme jederzeit zurückziehen, ohne ne-
       gative Konsequenzen befürchten zu müssen.
    d. wird das Einverständnis zur Teilnahme von Kindern
       unter sechs Jahren nicht benötigt.
    e. haben Eltern/Erziehungsberechtigte ein Recht darauf,
       die erhobenen Daten ihres Kindes und entsprechende
       Interpretationen zu erhalten.
    f. sollten Forscher grundsätzlich nach Abschluss des Pro-
       jekts die teilnehmenden Kinder und Erwachsenen über
       die Ergebnisse des Forschungsprojekts informieren.

1.3 Richtig oder falsch?

31. Die Beschäftigung mit den Determinanten kindlicher Entwicklung begann im Zeitalter der Renaissance. [S. 8 f.]
    ▬ richtig
    ▬ falsch
32. Aristoteles und Locke gingen beide davon aus, dass das
kindliche Gehirn und damit sein Wesen einem un-
beschriebenen Blatt gleiche (Tabula rasa), das erst durch
Erziehung und Erfahrung zu dem eines Menschen geformt
werde. [S. 8 f.]
    ▬ richtig
    ▬ falsch
33. Das menschliche Genom kann durch Umwelteinflüsse
sowie das Erleben und das Verhalten, das diese auslösen,
verändert werden. [S. 11 f.]
    ▬ richtig
    ▬ falsch
34. Die Erbsubstanz Desoxyribonukleinsäure (DNA) bleibt
während der gesamten Lebenszeit konstant. [S. 11 f.]
    ▬ richtig
    ▬ falsch
35. Die Umwelt hat einen starken Einfluss auf die Entwicklung
von Säuglingen, Säuglinge dagegen können ihre Umwelt
noch nicht beeinflussen. [S. 12 f.]
    ▬ richtig
    ▬ falsch

36. Neurotransmitter sind chemische Substanzen, die am Informationsaustausch zwischen Neuronen beteiligt sind. [S. 17]
    ▬ richtig
    ▬ falsch

37. Der soziokulturelle Kontext, in dem Geschwister aufwachsen, ist identisch, wenn der Altersunterschied zwischen ihnen sieben Jahre oder weniger beträgt. [S. 18]
    ▬ richtig
    ▬ falsch

38. Geschwister erleben dieselbe Situation (z. B. Bescherung zu Weihnachten) grundsätzlich gleich. [S. 21 f.]
    ▬ richtig
    ▬ falsch

39. Experimentelle Studien mit Kindern, die die Wirksamkeit bestimmter Interventionen überprüfen sollen, benötigen keine Kontrollgruppe. [S. 31 f.]
    ▬ richtig
    ▬ falsch

40. Das Verhalten, auf das sich die unabhängige Variable hypothesengemäß auswirken soll, wird als abhängige Variable bezeichnet. [S. 32]
    ▬ richtig
    ▬ falsch

41. Ein Vorteil der Feldbeobachtung liegt darin, dass das kindliche Verhalten in verschiedenen Situationen kontrolliert verglichen werden kann. [S. 27 f.]
    ▬ richtig
    ▬ falsch

Manche Fragen sind absichtlich etwas irreführend formuliert, damit Sie zum Nachdenken und nicht zum Auswendiglernen animiert werden.

Zur Vertiefung

- **Vertiefende Literatur und andere Quellen**

▬ Hussy, W., Schreier, M., & Echterhoff, G. (2010). *Forschungsmethoden in Psychologie und Sozialwissenschaften für Bachelor*. Heidelberg, Berlin: Springer.

▬ Rousseau, J.-J. (2003). *Emil oder Über die Erziehung* (13. Aufl.). Stuttgart: Schöningh UTB.

▬ The Bucharest Early Intervention Project: on the impact of neglect on the developing brain: ▶ https://www.buchareste arlyinterventionproject.org/. Zugegriffen: 16. Januar 2023.

- **Kennen Sie die DGPs? Nein? Hierbei handelt es sich um die „Deutsche Gesellschaft für Psychologie", kurz: DGPs**
  - Die DGPs fördert und entwickelt die Psychologie als Wissenschaft weiter. Außerdem hält sie eine Menge nützlicher Informationen für Studierende der Psychologie bereit. Sie finden unter folgendem Link auch Beispiele für die unterschiedlichen Berufsfelder von Psychologen sowie wissenschaftliche Grundsätze für die Forschung: ► https://www.dgps.de/. Zugegriffen: 16. Januar 2023.

Pränatale Entwicklung, Geburt und das Neugeborene

Inhaltsverzeichnis

2.1   Offene Fragen – 10

2.2   Multiple Response – 11

2.3   Richtig oder falsch? – 13

        Zur Vertiefung – 16

© Springer-Verlag GmbH Deutschland, ein Teil von Springer Nature 2023
M. Stolarova, S. Pauen, *Prüfungstrainer zur Entwicklungspsychologie im Kindes- und Jugendalter*,
https://doi.org/10.1007/978-3-662-64720-2_2

2

Pränatale Entwicklung

Neugeborene

2.1 Offene Fragen

1. Was versteht man unter „Apoptose? Warum ist diese in der pränatalen Entwicklung wichtig? [S. 49]
2. Es gibt vier wesentliche Entwicklungsprozesse, die den pränatalen Veränderungen zugrunde liegen. Benennen Sie diese und beschreiben Sie alle vier kurz. Geben Sie jeweils ein konkretes Beispiel für die möglichen Auswirkungen dieser Prozesse. [S. 49 f.]
3. In Gesetzestexten findet man häufig die Angabe „Alter ab Nidation", während Mediziner meistens von „Schwangerschaftswochen (SSW)" sprechen. Ab welchem Zeitpunkt wird jeweils das Alter eines Fötus berechnet, und wie viele Wochen beträgt der Unterschied zwischen den beiden Altersangaben ungefähr? [S. 50 f.]
4. Was ist *Habituation* im Sinne der experimentellen Entwicklungspsychologie? Beschreiben Sie ein Habituationsstudiendesign. Welche konkrete Fragestellung soll damit beantwortet werden? [S. 57 ff.]
5. Die Plazenta ist ein wichtiges Unterstützungsorgan bei der pränatalen Entwicklung. Welche Funktionen erfüllt sie? [S. 50 f.]
6. Welche sechs Aktivierungszustände zeigen Neugeborene? [S. 72 ff.]
7. Wie konnte durch Forschungserkenntnisse das Wohlergehen von untergewichtigen Neugeborenen verbessert werden? [S. 77 f.]
8. Sie entwickeln eine Unterrichtseinheit zur pränatalen Entwicklung für Schüler/-innen der Abschlussklassen: Welche inhaltlichen Schwerpunkte setzen Sie und warum? [Gesamtes Kapitel]
9. Warum sollte die Schwangerschaftsvorsorge vor der Befruchtung beginnen? Welche Maßnahmen würden Sie für alle Frauen und Männer mit Kinderwunsch empfehlen? [S. 59 ff.]

2.2 **Multiple Response**

10. Welche der folgenden Aussagen treffen auf die menschliche Befruchtung *nicht* zu? [S. 46 ff.]
    a. Die reife Eizelle löst sich aus dem Eierstock und sendet auf ihrem Weg durch den Eileiter chemische Signale, die Spermien anziehen.
    b. Die reife Eizelle löst sich aus dem Eierstock und sendet auf ihrem Weg durch den Eileiter physikalische Signale, die Spermien anziehen.
    c. Die meisten Spermien (im Durchschnitt über 90 % einer Ejakulation) gelangen in die unmittelbare Nähe der zu befruchtenden Eizelle.
    d. Sobald der Kopf eines Spermiums in die äußere Membran der Eizelle eindringt, wird diese chemisch versiegelt, sodass keine weiteren Spermien sie durchdringen können.
    e. Die Zellkerne von Spermium und Eizelle verschmelzen innerhalb weniger Stunden und bilden so die Zygote (befruchtete Eizelle), die einen vollständigen Chromosomensatz umfasst.
    f. Bei der Empfängnis werden männliche und weibliche Embryonen mit gleich großer Wahrscheinlichkeit gebildet.
    g. Befruchtung und Einnistung finden gleichzeitig statt.
11. Die Umwandlung der Zygote in einen Embryo und des Embryos in einen Fötus [S. 49 f.]
    a. findet ausschließlich durch Mitose statt.
    b. beginnt durch Meiose.
    c. bedarf keiner Zelldifferenzierung.
    d. beinhaltet notwendigerweise auch Apoptose.
    e. findet durch Zellteilung, Zellmigration, Zelldifferenzierung und Zelltod statt.
12. Das Neuralrohr [S. 50 f.]
    a. bildet sich in Woche 2–3 nach der Befruchtung und damit häufig, bevor werdende Eltern sich der Schwangerschaft bewusst sind.
    b. ist die Struktur, aus der heraus Gehirn und Rückenmark gebildet werden.
    c. bildet sich aus dem Ektoderm heraus.
    d. bildet sich aus dem Endoderm heraus.
    e. schließt sich manchmal in der frühen Schwangerschaft nicht vollständig, woraus schwerwiegende Beeinträchtigungen resultieren können.

Es gibt eine Reihe von hervorragenden Video-Dokumentationen zur menschlichen Befruchtung und Schwangerschaft. Nehmen Sie sich die Zeit, um mindestens eine davon anzuschauen. Vergleichen Sie die Informationen in diesem Kapitel mit dem, was Sie dort sehen und erfahren.

2

13. Die Plazenta [S. 50 f.]
    a. ist ein Unterstützungsorgan für den Fötus.
    b. trennt die Blutkreislaufsysteme von Fötus und Mutter.
    c. ermöglicht den Austausch lebensnotwendiger Nähr- und Abfallstoffe zwischen Fötus und Mutter.
    d. verhindert, dass jegliche schädigende Substanzen den fetalen Organismus erreichen.
    e. ist über die Nabelschnur mit dem Fötus verbunden.
    f. ist semipermeabel.
14. Föten nutzen die Zeit im Mutterleib, um vielfältige, für die Zeit nach der Geburt wichtige Funktionen einzuüben. Um welche handelt es sich? [S. 54 ff.]
    a. Schlucken
    b. Verdauen und Ausscheiden
    c. Hören
    d. Sehen
    e. Bewegung und Koordination
15. Zu den im Mutterleib erworbenen Fähigkeiten gehört/gehören u. a. [S. 54 f.]
    a. die Fähigkeit, in der Melodie der eigenen Muttersprache zu schreien.
    b. die Unterscheidung der mütterlichen Stimme.
    c. die Präferenz für klassische Musik.
    d. konkrete, teilweise erfahrungsabhängige Geruchs- und Geschmackspräferenzen.

Manchmal können Sie sich auf den gesunden Menschenverstand verlassen, häufig jedoch auch nicht. Überprüfen Sie Ihre Vorannahmen und bedenken Sie: Wissenschaft hat sich auch schon getäuscht.

16. Neuere wissenschaftliche Studien zeigen, dass [S. 59 ff.]
    a. geringe Mengen Alkohol während der Schwangerschaft keine nachteiligen Entwicklungseffekte für das Baby haben, wenn sie zur Entspannung der werdenden Mutter beitragen.
    b. Frauen, die viel rauchen, sich das Rauchen ganz allmählich im Verlauf des ersten Trimesters abgewöhnen sollten, um den Embryo nicht den Risiken eines Nikotinentzugs auszusetzen.
    c. Passivrauchen keine Auswirkungen auf die Sauerstoffversorgung des ungeborenen Kindes hat.
    d. das Rauchen der Eltern während und nach der Schwangerschaft die Gefahr des plötzlichen Kindstods um ein Vielfaches erhöht.
    e. die Grenzen der Alkoholtoleranz im Mutterleib sehr heterogen sind, weswegen absolute Alkoholabstinenz während der Schwangerschaft sinnvoll ist.
    f. die Schädigung des Ungeborenen durch Alkohol häufig irreversibel sind.
17. Habituationsparadigmen geben Auskunft über [S. 57 ff.]
    a. die angeborenen Präferenzen des Neugeborenen.
    b. die Fähigkeit des Säuglings, zwischen zwei Arten von Stimuli zu unterscheiden.

    c. grundlegende Mechanismen des Lernens und des Gedächtnisses.

    d. die Gefühle, die Säuglinge gegenüber bestimmten Arten von Stimuli empfinden.

18. Teratogene [S. 59 ff.]

    a. sind Wirkstoffe, die die Plazenta passieren und die pränatale Entwicklung beeinträchtigen können.

    b. wirken unabhängig vom Zeitpunkt der Aufnahme.

    c. wirken unabhängig von der Dosis.

    d. wirken bei allen Menschen zum gleichen Entwicklungszeitpunkt gleich.

    e. entfalten ihre Wirkung erst nach der 4. Schwangerschaftswoche.

    f. zeigen ihre Auswirkungen bereits unmittelbar nach der Geburt.

    g. können im Körper der werdenden Mütter aufgrund bestimmter Umwelteinflüsse wie Hunger oder Stress gebildet werden.

    h. können in Bezug auf ihre Wirkweise eindeutig voneinander unterschieden und separiert werden.

    i. können auch Umweltgifte sein, die mit der Atemluft, dem Trinkwasser oder der Nahrung aufgenommen werden.

19. Säuglinge, die zu früh auf die Welt kommen, [S. 76 ff.]

    a. sind häufig auch leichter und kleiner als voll ausgetragene Säuglinge.

    b. werden vor der 35. Schwangerschaftswoche geboren.

    c. entwickeln sich grundsätzlich langsamer als reifgeborene Säuglinge und holen die Defizite auch sehr selten auf.

    d. können Störungen des Schlaf- und des Essverhaltens aufweisen.

20. Ein Risikofaktor für die Säuglingssterblichkeit sind simultane Schwangerschaften. Wie hoch ist die Sterblichkeitsrate bei Zwillingsgeburten in den USA? [S. 77]

    a. weniger als 30 %

    b. 30 %–50 %

    c. mehr als 50 %

2.3 Richtig oder falsch?

21. Die befruchtete Eizelle, die Zygote, besitzt einen vollständigen Satz des menschlichen Genmaterials, 23 Chromosomen von der Mutter und 23 Chromosomen vom Vater. [S. 48]

    ━ richtig

    ━ falsch

2

22. Apoptose bezeichnet den programmierten Zelltod während der pränatalen Entwicklung. [S. 49]
— richtig
— falsch

23. Von der 9. Schwangerschaftswoche an bis zur Geburt wird der sich entwickelnde Organismus Embryo genannt. [S. 49]
— richtig
— falsch

24. Da die Plazenta Schadstoffe vom Kreislauf des Fötus fernhält, gefährden Umweltgifte die pränatale Entwicklung nicht. [S. 50 f.]
— richtig
— falsch

25. Alkoholkonsum in den frühen Wochen einer Schwangerschaft, noch bevor diese mit Sicherheit bestätigt wurde, ist ungefährlich für das werdende Kind, da die sensiblen Phasen für die Organbildung erst spätere Schwangerschaftswochen betreffen. [S. 59 f.]
— richtig
— falsch

26. Es ist nicht möglich, das Erleben und die Lernentwicklung eines Fötus wissenschaftlich zu erforschen. [S. 54 ff.]
— richtig
— falsch

27. *Teratogene* entfalten zu jedem Zeitpunkt der fötalen Entwicklung eine ähnlich schädigende Wirkung. [S. 59 ff.]
— richtig
— falsch

28. Von *sensiblen Phasen* der Entwicklung sprechen Psychologen/Psychologinnen erst bei der nachgeburtlichen Entwicklung. [S. 59 f.]
— richtig
— falsch

29. Eine Vielzahl von Umweltvariablen, sozialen und biologischen Faktoren können die pränatale Entwicklung negativ beeinflussen. [S. 59 ff.]
— richtig
— falsch

30. Illegale Drogen sind grundsätzlich schädlicher für das Kind als legale Drogen oder Medikamente. [S. 59 ff.]
— richtig
— falsch

31. In der Regel ist die Geburtserfahrung für Mutter und Kind gleichermaßen traumatisch und schmerzhaft. [S. 69]
— richtig
— falsch

32. Der Geburtsschrei des Babys ist Ausdruck seines Leidens, daher geht es Neugeborenen, die direkt nach der Geburt nicht schreien, emotional und gesundheitlich besser als denjenigen, die laut und kräftig schreien. [S. 69 ff.]
— richtig
— falsch

33. Neugeborene Babys sind nicht in der Lage, auf das Interaktionsverhalten ihrer Eltern einzuwirken. [S. 71 ff.]
— richtig
— falsch

34. Herumtragen und Wiegen beruhigt schreiende Babys nicht und verwöhnt sie zudem unnötig. [S. 73 ff.]
— richtig
— falsch

35. Babys, die in Industrieländern vor der 28. Schwangerschaftswoche geboren werden, haben heute keine Überlebenschance. [S. 76 f.]
— richtig
— falsch

36. Die Anzahl von Risikofaktoren, die die kindliche Entwicklung gefährden können, spielt keine Rolle. Wesentlich sind nur die Intensität und die Art der Risikofaktoren. [S. 78 ff.]
— richtig
— falsch

37. Armutsmilieus sind ein Beispiel für die verheerenden Auswirkungen, die eine Risikokumulation auf die kindliche Entwicklung haben kann. [S. 78 ff.]
— richtig
— falsch

38. Die Frage nach dem Beginn des Lebens ist in Bezug auf die pränatale Entwicklung eindeutig zu beantworten. [S. 44 ff.]
— richtig
— falsch

39. Werdende Mütter und Väter können durch geeignete Präventionsmaßnahmen eine drohende Frühgeburt auf jeden Fall verhindern. [S. 59 ff., 75 ff.]
— richtig
— falsch

40. Bei einer natürlichen Empfängnis ist es nicht möglich, gleichzeitig die Babys von zwei unterschiedlichen Vätern auszutragen. (Recherchieren Sie dazu außerhalb Ihres Lehrbuchs.)
— richtig
— falsch

2

Zur Vertiefung

- **Weiterführende Videos (auch über entsprechende Video-portale verfügbar)**
- Quarks & Co (2015). Projekt Schwangerschaft – alles unter Kontrolle? ▶ https://www1.wdr.de/fernsehen/planet-schule/videos/video-quarks-bei-planet-schule-projekt-schwanger-schaft%2D%2Dalles-unter-kontrolle-100.html. Zugegriffen: 16. Januar 2023.
- Quarks & Co (2019). Die Geheimnisse unseres Körpers. ▶ https://www1.wdr.de/fernsehen/planet-schule/videos/video-quarks-bei-planet-schule-die-geheimnisse-unseres-koerpers-100.html. Zugegriffen: 16. Januar 2023.
- BBC Documentary (2017). Childbirth – I'm Having a Baby! Eine Dokumentation nicht nur über die Geburt, sondern auch darüber, wie werdende Väter daran beteiligt werden könnten. ▶ https://www.youtube.com/watch?v=rBsAZ7e6bGM. Zugegriffen: 16. Januar 2023.

- **Vertiefender Beitrag**
- Groß, C., Hahn, S., Spreer, M., Behrendt, S., Dinger, J., Reichert, J., Pilhatsch, M., & Zimmermann, U. S. (2018). „Mama denk' an mich" (MAMADAM) – ein multimodales Therapieprogramm für suchtkranke Schwangere, Mütter und Väter im Rahmen der psychiatrischen Instituts-ambulanz. *Sucht: Zeitschrift für Wissenschaft und Praxis, 64*(2), 97–108. ▶ https://doi.org/10.1024/0939-5911/a000533

Biologie und Verhalten

Inhaltsverzeichnis

3.1   Offene Fragen – 18

3.2   Multiple Response – 19

3.3   Richtig oder falsch? – 23

Zur Vertiefung – 25

© Springer-Verlag GmbH Deutschland, ein Teil von Springer Nature 2023
M. Stolarova, S. Pauen, *Prüfungstrainer zur Entwicklungspsychologie im Kindes- und Jugendalter*,
https://doi.org/10.1007/978-3-662-64720-2_3

3

Genetik und Vererbung von
psychischen Konstrukten

3.1   Offene Fragen

1. Zeichnen und beschriften Sie ein Diagramm, das die wechselseitigen Funktions- und Interaktionsbeziehungen zwischen dem Genotyp der Eltern und des Kindes, dem Phänotyp der Eltern und des Kindes sowie der Umwelt illustriert. Geben Sie ein konkretes Beispiel dafür, wie der Phänotyp eines Vorschulkindes Einfluss auf sein Erziehungsumfeld ausüben könnte. [S. 90 ff.]

2. Was sind *Regulatorgene* und welche Rolle spielen diese für die kindliche Entwicklung? Geben Sie ein Beispiel für einen Umweltfaktor, der auf die Regulatorgene einwirken kann und erklären Sie die möglichen Folgen. [S. 93 f.]

3. Warum ist die *polygenetische Vererbung* von besonderer Bedeutung für die Entwicklungspsychologie? Geben Sie jeweils ein Beispiel für ein psychologisch relevantes Konstrukt und ein medizinisches Symptom, bei denen polygenetisch bedingte Prädispositionen vermutet werden bzw. nachgewiesen wurden. [S. 95]

4. Definieren Sie *Chromosomenanomalien*, erklären Sie den Grundmechanismus ihrer Entstehung und geben Sie zwei Beispiele für Entwicklungsstörungen, die auf Chromosomenanomalien zurückgeführt werden. [S. 104]

5. Was versteht man unter *Zwillingsstudien* und *Adoptionsstudien*? Welche zusätzlichen Erkenntnisse liefert die Kombination beider Designs? Warum sind diese Forschungsmethoden wichtig für verhaltensgenetische Forschung? [S. 100 f.]

6. Was versteht man unter *Erblichkeit*? Geben Sie bitte ein konkretes Beispiel für die Erblichkeit von psychologischen Konstrukten und erläutern Sie, wie diese berechnet wurde und was sie konkret aussagt. [S. 101 ff.]

7. Grenzen Sie *erfahrungserwartende* und *erfahrungsabhängige Plastizität* voneinander ab und geben Sie jeweils ein Beispiel. [S. 114 ff.]

8. Unterernährung in Kombination mit Armut beeinträchtigt die kindliche Entwicklung. Erläutern Sie die Auswirkungen und die möglicherweise zugrunde liegenden Mechanismen. [S. 122 ff.]

9. DNA/DNS ist die Abkürzung für _____ [S. 91]

10. Ein dominantes Allel ist _____ [S. 94 f.]

11. Eine Grundschullehrerin erklärt Ihnen, dass die Erblichkeit bei Intelligenz und vielen einzelnen kognitiven Leistungen in etwa 50 % beträgt. Daher sei die Leistungsfähigkeit bei der Hälfte aller Kinder in jeder Klasse genetisch

vorbestimmt. Aufgrund ihrer langjährigen Erfahrung könne sie recht schnell bestimmen, welche Kinder unterdurchschnittliche Fähigkeiten haben, und wüsste, dass bei ihnen gezielte Förderungsbemühungen zwecklos seien. Wie erklären Sie ihr den erblichen Einfluss auf die kindliche Intelligenz? [S. 101 ff.]

12. Ein Jugendlicher erklärt, dass Leistungsmotivation vererbbar sei und er wohl seinem Vater ähneln würde. Daher könne er nichts dafür, dass er keine Lust habe, sich anzustrengen. Wie erklären Sie ihm die Vererbbarkeit von psychologischen Konstrukten? [S. 101 ff.]

13. Politische Überzeugungen und Religiosität sind zwei von vielen Eigenschaften, denen Erblichkeit nachgesagt wird. Auf welche Art von Befunden stützen sich solche Behauptungen normalerweise? Welche Interpretationen lassen sie zu, und welche Schlüsse werden fälschlicherweise häufig daraus gezogen? [S. 88]

14. Beziehen Sie die Prozesse „Synaptogenese" und „Synapsenelimination" auf erfahrungsabhängige und erfahrungserwartende Entwicklungsplastizität. [S. 112 ff.]

15. Zwei braunäugige Elternteile sind beide bezüglich der Augenfarbe heterozygot. Das Allel für braune Augen ist dominant, das für blaue Augenfarbe ist rezessiv. Welche Chance haben beide, nach mendelschem Vererbungsmuster Kinder mit braunen bzw. mit blauen Augen zu bekommen? [S. 94 f.]

16. Mit welcher Wahrscheinlichkeit haben die Kinder von zwei blauäugigen Eltern braune Augen? [S. 94 f.]

3.2 Multiple Response

17. Gene sind [S. 92 f.]
    a. Geschlechtschromosomen.
    b. Abschnitte von Chromosomen.
    c. RNA.
    d. Mutationen.

18. Folgende Mechanismen tragen zur genetischen Variation bei Menschen bei. [S. 92 f.]
    a. Mutation.
    b. Vererbung.
    c. Zufallskombination.
    d. Regulation.
    e. Crossing-over.

Zu den Grundlagen der Genetik haben Sie bestimmt bereits in der Schule etwas gehört. Hier geht es nun darum, zu vertiefen, zu differenzieren und zu hinterfragen.

3

19. Der Endophänotyp [S. 93]
    a. kann helfen, die Vererbbarkeit von psychischen Merk-
       malen und Verhaltensweisen zu erklären.
    b. ist identisch mit dem Genotyp eines Individuums.
    c. ist der genetische Phänotyp, der die Funktionsweise des
       Nervensystems und des Gehirns beeinflusst.
    d. wird im Verlauf des Lebens vollständig aktiviert und
       nicht wieder deaktiviert.
20. Regulatorgene [S. 93 f.]
    a. steuern Zeitpunkt und Art der Genexpression.
    b. ermöglichen Genmutationen durch Zufallskombinationen.
    c. regulieren das Temperaturempfinden bei Menschen.
    d. setzen Ereignisketten in Gang, die den Aktivitätsstatus
       von Gennetzwerken regulieren.
21. Heterozygot sind Individuen, die [S. 94 f.]
    a. für ein Merkmal zweimal dasselbe Allel haben.
    b. für ein Merkmal ausschließlich rezessive Allele aufweisen.
    c. für ein Merkmal ausschließlich dominante Allele auf-
       weisen.
    d. für ein Merkmal zwei verschiedene Allele haben.
    e. überdurchschnittlich viele Genmutationen aufweisen.
22. Legasthenie ist eine Teilleistungsstörung, die [S. 97, 104]
    a. dominant-rezessiv vererbt wird.
    b. hochgradig vererbbar ist.
    c. polygenetisch vererbt wird.
    d. ausschließlich männliche Nachkommen trifft.
    e. bei Kindern in der Regel keinen Einfluss auf das elter-
       liche Erziehungsverhalten hat.
23. DNA-Methylierung [S. 98 ff.]
    a. ist ein Mechanismus, der epigenetische Veränderungen
       erklärt.
    b. kann die Funktion von Genen verändern und so fixie-
       ren, dass diese an nachkommenden Generationen
       weitergegeben werden.
    c. reguliert den Aufbau einer Fettschicht rund um den
       DNA-Strang.
    d. reguliert die Proteinproduktion bestimmter Gene.
    e. ist ein Mechanismus, der die Auswirkungen von Er-
       fahrungen der Elterngeneration auf die genetische Aus-
       stattung ihrer Nachkommen erklären kann.
    f. kann nicht durch Umwelteinflüsse verändert werden.
24. Verhaltensgenetik [S. 100 ff.]
    a. untersucht die Interaktion zwischen Genotyp und
       Phänotyp.
    b. untersucht die Interaktion zwischen genetischen Ein-
       flüssen und Umweltfaktoren, die Verhaltensunter-
       schiede bedingen.

    c. bedient sich ausschließlich qualitativer Forschungszugänge.

    d. beschreibt den Grad der Erblichkeit psychologischer und physiologischer Merkmale.

    e. untersucht ausschließlich die kausalen, keine korrelativen statistischen Beziehungen.

25. Ein Erblichkeitsfaktor von 80 % für ein psychologisches Merkmal oder Verhalten bedeutet, dass [S. 102]

    a. 80 % der individuellen Ausprägung genetisch bestimmt werden und 20 % durch Umwelteinflüsse erklärt werden können.

    b. bei 80 % der untersuchten Menschen Umwelteinflüsse keine modulierende Wirkung haben können.

    c. 80 % der Ausprägungsvarianz eines Merkmals in einer bestimmten Population auf genetische Unterschiede zwischen den Populationsmitgliedern zurückgeführt werden können.

    d. 80 % der Ausprägungsvarianz eines Merkmals in jeder denkbaren Population auf genetische Unterschiede zwischen den Populationsmitgliedern zurückgeführt werden können.

    e. bei diesem Merkmal mit hoher Erblichkeit im Prinzip von genetischer Determinierung gesprochen werden kann.

    f. das untersuchte Merkmal oder Verhalten jedes Individuums einer Population zu 80 % genetisch und zu 20 % durch Umwelteinflüsse bestimmt wird.

26. Genetisch bedingte Krankheitsbilder können über folgende Mechanismen vermittelt werden: [S. 104 f.]

    a. Chromosomenanomalien

    b. Genanomalien

    c. Polygenetische Vererbung

    d. Dominant-rezessive Vererbung

    e. Geschlechtsgebundene Vererbung

27. Zwei wichtige Zelltypen des Zentralnervensystems sind [S. 107 f.]

Die Entwicklung des Gehirns

    a. Synapsen und Neurone.

    b. Dendriten und Axone.

    c. Gliazellen und Neurone.

    d. Stacheln und Gliazellen.

28. Welche der folgenden Strukturen sind *nicht* Bestandteil des zerebralen Kortex? [S. 108 ff.]

    a. Frontallappen

    b. Okzipitallappen

    c. Corpus callosum

    d. Hippocampus

    e. Amygdala

    f. Parietallappen

3

29. Welche der folgenden Untersuchungsverfahren werden nicht zu Erforschung des Gehirns eingesetzt? [S. 110 f.]
    a. EEG
    b. MEG
    c. ERPs
    d. EKG
    e. MRT
    f. fMRT
    g. Bronchoskopie
    h. NIRS

30. Arborisierung bezeichnet [S. 111 f.]
    a. die Ausbildung einer fettartigen Hülle, die die Axone der Neuronen umhüllt.
    b. die Bildung neuer Dendritenbäume.
    c. die Vermehrung der Neuronen durch Zellteilung.
    d. den vorprogrammierten Neuronentod.
    e. die Bildung neuer Synapsen.
    f. die Veränderung von Gehirnstrukturen nach einer Schädigung.

31. Erfahrungserwartende Plastizität [S. 114 f.]
    a. ist ein Prozess, bei dem die Gehirnentwicklung als Ergebnis von arttypischen Erfahrungen stattfindet.
    b. kann eine kompensatorische Reorganisation des Gehirns, beispielsweise beim Ausbleiben arttypischer Sinneserfahrungen, erklären.
    c. ist ein stabiler, genetisch determinierter Entwicklungsprozess, der kaum durch Umweltvariablen beeinflusst werden kann.
    d. beschreibt ein durch individuelle Erfahrungen bestimmter Entwicklungsprozess.

32. Stillen in den ersten Monaten nach der Geburt [S. 118]
    a. hat in der Regel gesundheitliche Vorteile für die Mutter.
    b. hat in der Regel gesundheitliche Vorteile für den Säugling.
    c. ist nur dann dringend zu empfehlen, wenn das Trinkwasser eine schlechte Qualität hat und nicht ausreichend Milchpulver zur Verfügung steht.
    d. kann die frühe Entwicklung des Zentralnervensystems fördern.
    e. stärkt das kindliche Immunsystem.
    f. kann für das Neugeborene auch schädlich sein, wenn beispielsweise von der Mutter aufgenommene Toxine an den Säugling weitergegeben werden.

33. Kinder, die in Armut aufwachsen, [S. 122 ff.]
    a. weisen bereits im Alter von zwölf Monaten ein geringeres Volumen der grauen Substanz im Gehirn auf, als ihre bessergestellten Peers.
    b. sind in westlichen Ländern häufiger untergewichtig.

c. erkranken häufiger und schwerer als sozial besser-
gestellte Kinder.

d. haben bereits bei der Geburt ein kleineres Gehirn-
volumen.

e. erleben vielfältige Belastungen, z. B. durch chronischen
Stress, Umweltbelastung und Fehlernährung.

3.3 Richtig oder falsch?

34. Der Genotyp eines Menschen ist der einzige Faktor, der
auf seinen Phänotyp wirkt. [S. 90 ff.]
    — richtig
    — falsch

35. Genom ist die Bezeichnung für den vollständigen Satz von
Erbinformation tragenden DNA-Abschnitten eines
Organismus. [S. 90]
    — richtig
    — falsch

36. Das genetische Material der Mutter und des Vaters haben
jeweils einen ähnlich starken Einfluss auf das biologische
Geschlecht des Kindes. [S. 93]
    — richtig
    — falsch

37. Die Vererbung von psychologisch relevanten Charaktereigenschaften folgt meistens einem dominant-rezessiven
Vererbungsmuster. [S. 94 f.]
    — richtig
    — falsch

Es ist wichtig, die domi-
nant-rezessive Vererbung
richtig verstanden zu haben.
Suchen Sie Beispiele hierfür
auch außerhalb Ihres Lehrbuchs und erläutern Sie die
Mechanismen mit den kor-
rekten Fachbegriffen so,
dass auch andere Ihrer Argumentation folgen können.

38. Geschwister, von denen manche glatte und andere lockige
Haare haben, können nicht von denselben biologischen Eltern abstammen. [S. 94 f.]
    — richtig
    — falsch

39. Wenn beide Eltern blaue Augen haben, können ihre direkten, biologischen Nachkommen keine braunen Augen
haben. (Recherchieren Sie die Antwort ggf. auch außerhalb
Ihres Lehrbuchs.)
    — richtig
    — falsch

40. Ist ein Organismus bezüglich eines bestimmten Merkmals
homozygot, dann kommen die Anweisungen des dominan-
ten Allels zur Ausprägung. [S. 94 f.]
    — richtig
    — falsch

3

41. Männliche Nachkommen leiden mit höherer Wahrscheinlichkeit an Erbkrankheiten als weibliche. [S. 95 f.]
 ▬ richtig
 ▬ falsch

42. Phenylketonurie ist eine Erbkrankheit, die nicht behandelbar ist und immer zu schweren Entwicklungsstörungen führt. [S. 95 ff.]
 ▬ richtig
 ▬ falsch

43. Umweltfaktoren können das Genom eines Menschen dauerhaft so beeinflussen, dass die entsprechenden Genveränderungen auch an die folgenden Generationen weitergegeben werden. [S. 12, 88]
 ▬ richtig
 ▬ falsch

44. Erblichkeit ist eine statistische Schätzung des Varianzanteils eines Merkmals innerhalb einer Population, der auf genetische Unterschiede zwischen den Individuen dieser Population zurückzuführen ist. [S. 101 ff.]
 ▬ richtig
 ▬ falsch

45. Es gibt im menschlichen Gehirn deutlich mehr Gliazellen als Neuronen. [S. 108]
 ▬ richtig
 ▬ falsch

46. Die Aufzeichnung elektrophysiologischer Aktivität ist eine nichtinvasive Untersuchungsmethode, die auch bei Babys und Kindern angewandt wird. [S. 110]
 ▬ richtig
 ▬ falsch

47. Die *Myelinisierung* des Gehirns hat keinen Einfluss auf die kindliche Entwicklung. [S. 112 f.]
 ▬ richtig
 ▬ falsch

48. Übung und Erfahrung können strukturelle Veränderungen des Gehirns bedingen. [S. 115 f.]
 ▬ richtig
 ▬ falsch

49. Die Auswirkungen von Hirnläsionen hängen nicht vom Zeitpunkt der Verletzung ab, lediglich der Umfang der Läsion ist bedeutsam. [S. 126]
 ▬ richtig
 ▬ falsch

50. An der Gewichtsregulation des Menschen sind sowohl genetische als auch Umweltvariablen beteiligt. [S. 119 f.]
 ▬ richtig
 ▬ falsch

51. Auch deutliches Übergewicht verwächst sich bei Kindern und Jugendlichen meistens. Daher ist es kein ernst zu nehmendes Problem. [S. 120 ff.]
    ▬ richtig
    ▬ falsch
52. Die World Health Organization (WHO) empfiehlt, Säuglinge grundsätzlich mindestens sechs Monate lang zu stillen.
    ▬ richtig
    ▬ falsch
53. Die Zusammensetzung der Muttermilch variiert u. a. mit dem Alter des Babys, dem Gesundheitszustand sowie der Nahrungsaufnahme der Mutter. [S. 118]
    ▬ richtig
    ▬ falsch

Zur Vertiefung

- **Vertiefende Originalliteratur**
▬ Brown, J. L., & Pollitt, E. (1996). Malnutrition, poverty and intellectual development. *Scientific American*, 274(2), 38–43.

- **Weiterführende Studie**
▬ Die KiGGS-Studie des Robert Koch-Instituts gibt interessante Einblicke in die Gesundheit von Kinder und Jugendlichen in Deutschland – nicht nur zum Thema Übergewicht: ▶ https://www.kiggs-studie.de/deutsch/home.html. Zugegriffen: 16. Januar 2023.

- **Vertiefender Beitrag zum Thema Stillen**
▬ Prell, C., & Koletzko, B. (2016). Stillen und Beikost. Empfehlungen für die Säuglingsernährung. *Deutsches Ärzteblatt, 113*(25), 435–444. doi: 10.3238/arztebl.2016.0435

Theorien der kognitiven Entwicklung

Inhaltsverzeichnis

4.1   Offene Fragen – 28

4.2   Multiple Response – 29

4.3   Richtig oder falsch? – 32

Zur Vertiefung – 34

© Springer-Verlag GmbH Deutschland, ein Teil von Springer Nature 2023
M. Stolarova, S. Pauen, *Prüfungstrainer zur Entwicklungspsychologie im Kindes- und Jugendalter*,
https://doi.org/10.1007/978-3-662-64720-2_4

4

Kognitive Entwicklung:
Theorien und Theoretiker

4.1 Offene Fragen

1. Entwerfen Sie eine Tabelle, in der Sie die fünf theoretischen Perspektiven auf die kognitive Entwicklung, die in diesem Kapitel behandelt werden, bezüglich ihrer Kernannahmen vergleichen. Nennen Sie dabei auch [S. 133 ff.]
   - die Namen der wichtigsten Vertreter,
   - den Entstehungszeitraum,
   - die wichtigsten Mechanismen des Wissenserwerbs,
   - die Aussagen zur Anlage-Umwelt-Interaktion,
   - die Rolle des Kindes bei seiner eigenen Entwicklung und
   - Entwicklungsstadien, wenn vorhanden.

2. Nennen Sie drei Argumente für die Nützlichkeit wissenschaftlicher Theorien in der (Entwicklungs-)Psychologie. Welche möglichen Nachteile haben wissenschaftliche Theorien? [S. 132 ff.]

3. Definieren Sie die Begriffe „Assimilation" und „Akkommodation" im Hinblick auf Piagets Entwicklungstheorie und geben Sie jeweils ein konkretes Beispiel für solche Prozesse in der frühkindlichen Entwicklung (nach Möglichkeit *nicht* die Beispiele aus dem Lehrbuch). [S. 135 f.]

4. Nennen und beschreiben Sie die vier zentralen Eigenschaften von Piagets Stufentheorie und geben Sie jeweils ein konkretes Beispiel. [S. 136 f.]

5. Entwerfen Sie eine Tabelle, in der Sie die vier Entwicklungsstadien nach Piaget beschreiben und vergleichen. Geben Sie auch jeweils ein konkretes Beispiel für kognitive Leistungen, die in jeder der Stufen nach Piaget erreicht werden. Versuchen Se selbst, Beispiele zu finden und nicht ausschließlich diejenigen aus dem Buch zu übernehmen. Welches Stadium ist nach Piaget nicht universell? [S. 136 ff.]

6. Piaget ging davon aus, dass mangelndes Wissen bzw. ein „Defizit im Denken" des Säuglings für Objektpermanenzfehler in der ersten Hälfte des ersten Lebensjahres verantwortlich ist. Welche alternative Erklärung legen neuere Studien nahe? [S. 138, 145]

7. Nach Piaget erwerben Kinder die Fähigkeit zur zeitlich verzögerten Nachahmung etwa im Alter von _____. [S. 139]

8. Piagets Sichtweise auf das Kind wird häufig unter der Redewendung „das Kind als Wissenschaftler" zusammengefasst. Warum? [S. 138]

9. Definieren Sie die Prozesse Assimilation, Akkommodation und Äquilibration, grenzen sie diese gegeneinander ab und geben Sie jeweils ein konkretes Beispiel, das Sie eigenständig finden und formulieren und nicht aus dem Lehrbuch übernehmen. [S. 135 f.]

10. Formulieren Sie vier Kritikpunkte an Piagets Entwicklungsmodell und nennen Sie je einen theoretischen Ansatz, der die jeweilige Schwäche zu überwinden versucht. [S. 145 f.]
11. Welche Entwicklungsansätze werden unter dem Begriff „Informationsverarbeitungstheorien" zusammengefasst? [S. 146 ff.]
12. Die Entwicklungstheorien von Piaget und Wygotski unterscheiden sich in vielen Aspekten. Methodisch jedoch kann man beiden einen sehr ähnlichen Vorwurf machen – welchen? [S. 134 ff., 161 ff.]
13. Nennen und beschreiben Sie kurz die drei Phasen des *inneren Sprechens* nach Wygotski. [S. 162]
14. Über welche Mechanismen wird in den soziokulturellen Theorien kulturell unterschiedliches Wissen vermittelt und erworben? [S. 160 ff.]
15. Welche zwei Gründe erschweren es Kindern (den Vertretern der Informationsverarbeitungstheorien zufolge), vorausschauend zu planen? Warum? [S. 155]
16. Was unterscheidet eine wissenschaftliche Theorie von einer Alltagstheorie?
17. Welche Gründe trugen dazu bei, dass Wygotskis theoretische Überlegungen zur kindlichen Entwicklung erst mehrere Jahrzehnte nach seinem Tod bekannt wurden?
18. Sie wollen einem fünfjährigen Kind beibringen, dass sich die Perspektive je nach Standort im Raum ändert. Wie gehen Sie nach Piagets und wie nach Wygotskis Entwicklungsmodell vor? [S. 140 f., 146; S. 164]
19. Vergleichen Sie Piagets Ansatz mit der *Theorie überlappender Wellen* in Bezug auf die Entwicklung kindlicher Problemlösefähigkeiten. [S. 152 f., 155]
20. Frühe Unterschiede im numerischen Wissen von Kindern mit unterschiedlichem sozioökonomischem Hintergrund konnten empirisch wiederholt nachgewiesen werden (vgl. Watts et al. 2015). Worauf könnte der Leistungsrückstand von Kindern aus geringverdienenden Familien im Hinblick auf das Zählen, Ziffernerkennen, Kopfrechnen oder Wissen über numerische Größen zurückgeführt werden? [S. 154].

> Entwicklungstheorien sind Denkmodelle, keine empirisch bewiesenen Wahrheiten. Sie zu verstehen, erlaubt Ihnen, Ihr eigenes Denken zu erweitern.

4.2 Multiple Response

21. Welche der folgenden Aussagen treffen auf Piagets Theorie der kognitiven Entwicklung zu? [S. 134 ff.]
    a. Piagets Theorie ist konstruktivistisch angelegt.
    b. Für Entwicklungsfortschritte im kognitiven Bereich ist vor allem die kindliche Umwelt verantwortlich.

4

c. Piagets Theorie basiert auf die Interpretationen einzelner, wissenschaftlich nicht repräsentativer oder kontrollierter Beobachtungen.

d. Die Entwicklungsstufen werden Piaget zufolge von jedem Menschen in der gleichen Reihenfolge durchlaufen, ohne dass einzelne Stufen übersprungen werden können.

e. Die kognitive Entwicklung verläuft nach Piaget ausschließlich kontinuierlich.

f. Kinder unterschiedlichen Alters weisen nach Piaget qualitativ verschiedene Denkweisen auf.

22. Welche der folgenden Bezeichnungen beziehen sich *nicht* auf Entwicklungsstadien nach Piaget? [S. 136 ff.]
    a. Konkret-operationales Stadium
    b. Stadium des Inneren Sprechens
    c. Sensomotorisches Stadium
    d. Orale Phase
    e. Formal-operationales Stadium
    f. Präoperationales Stadium
    g. Stadium der nächstmöglichen Entwicklung

23. Welche der folgenden Fähigkeiten werden nach Piaget *nicht* im sensomotorischen Stadium erworben? [S. 137 ff.]
    a. Objektpermanenz
    b. Symbolische Repräsentation
    c. Zeitlich verzögerte Nachahmung
    d. Verständnis für das Invarianzkonzept

24. Welche der folgenden Aussagen treffen auf Piagets Stufenmodell zu? [S. 136 ff.]
    a. Das formal-operationale Stadium wird nach Piaget ab etwa sieben Jahren erreicht.
    b. Babys passen von Geburt an ihre Handlungen an ihre Umwelt an. Das ist ein Beispiel für Akkommodation während der sensomotorischen Phase.
    c. Im präoperativen Stadium entwickeln Kinder die Fähigkeit zur symbolischen Repräsentation und damit die Grundlage für viele Rollenspiele.
    d. Egozentrismus und Zentrierung sind charakteristisch für das konkret-operationale Stadium.
    e. Im konkret-operationalen Stadium gelingt es den meisten Kindern, systematisch und abstrakt zu denken und damit auch logische Schlussfolgerungen bei abstrakten Problemen zu ziehen.

Versuchen Sie nicht, auswendig zu lernen. Auch geschlossenen Fragen beantworten Sie zuverlässiger, wenn Sie die Inhalte verstanden haben.

f. Das formal-operationale Stadium ist die einzige Entwicklungsstufe nach Piaget, die nicht universell ist.

25. Welche(r) der folgenden Aspekte/n ist/sind zentrale(r) Bestandteil(e) von Informationsverarbeitungstheorien? [S. 146 ff.]
    a. Gelenkte Partizipation
    b. Geteilte Aufmerksamkeit
    c. Rehearsal
    d. Selektive Aufmerksamkeit
    e. Mittel-Ziel-Analyse
    f. Enkodieren

26. Welche der folgenden Aussagen treffen auf Informationsverarbeitungstheorien zu? [S. 146 ff.]
    a. Kognitive Entwicklung entsteht aus der Überwindung von Kapazitätsgrenzen, beispielsweise des Gedächtnisses und der Wahrnehmung.
    b. Kognitive Entwicklung ist deutlich überwiegend ein diskontinuierlicher Prozess.
    c. Ein wesentlicher Schwerpunkt der Informationsverarbeitungstheorien ist die Gedächtnisentwicklung.
    d. Innere Triebe sind der Motor kognitiver Entwicklung.
    e. Kognitive Entwicklung baut auf dem Erwerb und der Präzisierung von geeigneten Strategien, beispielsweise für Lernen, Behalten und Problemlösen, auf.

27. Welche Aussagen treffen auf domänenspezifische Ansätze *nicht* zu? [S. 156 ff.]
    a. Wissenserwerb erfolgt bereichsspezifisch und wird mit zunehmendem Alter optimiert.
    b. Das kindliche Gehirn ist bei der Geburt ein „unbeschriebenes Blatt", alles Wissen entsteht aus der Interaktion mit der Umwelt heraus.
    c. Angeborenes, domänenspezifisches Wissen und spezialisierte, angeborene Lernmechanismen erleichtern den Erwerb von Kenntnissen und Kompetenzen, die das Überleben sichern.
    d. Wissen entsteht hauptsächlich aus der Interaktion mit Erwachsenen und älteren Kindern, die dieses weitergeben können.

28. Welche(r) Theoretiker betrachtete(n) Denken und Sprechen als untrennbar miteinander verbunden? [S. 161 f.]
    a. Piaget
    b. Stern
    c. Wygotski
    d. Bronfenbrenner
    e. Baldwin

Um die Theorie eines Theoretikers besser verstehen zu können, hilft es manchmal, dessen Biografie zu lesen. Sie werden staunen!

4

29. Welche(r) der folgenden Aspekte ist/sind zentrale(r) Bestandteil(e) soziokultureller Theorien? [S. 160 ff.]
    a. Gelenkte Partizipation
    b. Geteilte Aufmerksamkeit
    c. Rehearsal
    d. Selektive Aufmerksamkeit
    e. Soziale Stützung/Scaffolding
    f. Intersubjektivität

30. Die soziokulturellen Theorien der kognitiven Entwicklung [S. 160 ff.]
    a. betrachten Wissenserwerb und kognitive Entwicklung als kulturspezifisch.
    b. gehen davon aus, dass Kinder von sich aus und ohne externe Motivation ihre Umwelt entdecken und erforschen.
    c. sehen geteilte Aufmerksamkeit schon im Säuglingsalter als einen wesentlichen Mechanismus der kindlichen Entwicklung an.
    d. haben keine Implikationen für pädagogische Anwendungen.

31. Welche der folgenden Aussagen treffen auf die Theorien dynamischer Systeme zu? [S. 165 ff.]
    a. Entwicklungsprozesse sind sowohl intrinsisch als auch extrinsisch motiviert.
    b. Handlungen sind sowohl Ziel als auch Motor des Kompetenzerwerbs.
    c. Soziale Interaktion ist ein wesentlicher Antrieb von Entwicklung.
    d. Angeborenes Kernwissen ist notwendige Voraussetzungen für die kognitive Entwicklung.
    e. Entwicklung ist gekennzeichnet durch ständigen Wandel.
    f. Variation und Selektion führen zur kognitiven Entwicklung.

Kleine Änderungen in der Fragestellung können große Wirkung haben. Lesen Sie die Fragen aufmerksam durch, nehmen Sie sich Zeit, diese zu verstehen und darüber nachzudenken.

4.3 Richtig oder falsch?

32. Piagets Stufenmodell hatte *keinen* Einfluss auf frühpädagogische Förderkonzepte. [S. 144 f.]
    ▬ richtig
    ▬ falsch

33. Egozentrismus ist die Tendenz, sich auf ein einzelnes, perzeptuell auffälliges Merkmal eines Objekts oder Ereignisses zu konzentrieren. [S. 140 f.]
    ▬ richtig
    ▬ falsch

34. Myelinisierung und die zunehmende neuronale Vernetzung tragen dazu bei, dass die Verarbeitungsgeschwindigkeit in der Kindheit zunimmt. [S. 151]
    — richtig
    — falsch

35. Äquilibration beschreibt den Prozess, bei dem Menschen die vorhandenen Wissensstrukturen als Reaktion auf neue Erfahrungen anpassen. [S. 136]
    — richtig
    — falsch

36. Die Theorie der überlappenden Wellen ist ein Informations-verarbeitungsansatz. [S. 152 f., 155]
    — richtig
    — falsch

37. Die zentrale Metapher der Informationsverarbeitungs-theorien für die kindliche Entwicklung lautet: „das Kind als universeller Problemlöser". [S. 157]
    — richtig
    — falsch

38. Theorien der Informationsverarbeitung untersuchen ins-besondere die Entwicklung des Gedächtnisses und der Problemlösekompetenzen. [S. 146 ff.]
    — richtig
    — falsch

39. Kernwissenstheorien gehören zu den domänenspezifischen Ansätzen der Entwicklungspsychologie. [S. 156 ff.]
    — richtig
    — falsch

40. Soziokulturelle Theorien der kognitiven Entwicklung be-tonen die Bedeutung von sozialen Interaktionen und kul-turellen Einflüssen für den Wissens- und den Kompetenz-erwerb von Kindern. [S. 160 ff.]
    — richtig
    — falsch

41. Die zentrale Metapher soziokultureller Theorien lautet „das Kind als Wissenschaftler". [S. 134 f.]
    — richtig
    — falsch

42. Theorien dynamischer Systeme untersuchen Ver-änderungen in komplexen Systemen als Grundlage kogniti-ver Entwicklungsprozesse. [S. 156 ff.]
    — richtig
    — falsch

4

Zur Vertiefung

- **Vertiefende Originalliteratur**
- Piaget, J. (2017). *Das Weltbild des Kindes: Schlüsseltexte Band 1* (2. Aufl.). München: Klett-Cotta.
- Watts, T. W., Duncan, G. J., Chen, M., Claessens, A., Davis-Kean, P. E., Duckworth, P., Susperreguy, M. I., et al. (2015). The role of mediators in the development of longitudinal mathematics achievement associations. *Child Development, 86*(6), 1892–1907. ► https://doi.org/10.1111/cdev.12416
- Wygotski, L. (1972). *Denken und Sprechen*. Berlin: Fischer.

Die frühe Kindheit – Sehen, Denken, Tun

Inhaltsverzeichnis

5.1   Offene Fragen – 36

5.2   Multiple Response – 37

5.3   Richtig oder falsch? – 39

         Zur Vertiefung – 41

© Springer-Verlag GmbH Deutschland, ein Teil von Springer Nature 2023
M. Stolarova, S. Pauen, *Prüfungstrainer zur Entwicklungspsychologie im Kindes- und Jugendalter*,
https://doi.org/10.1007/978-3-662-64720-2_5

5

Die Entwicklung der Sinne

5.1   Offene Fragen

1. Beschreiben Sie den Unterschied zwischen Sinnesempfindung und Wahrnehmung. [S. 179]
2. Benennen und beschreiben Sie eine (weitverbreitete) Methode, mit der untersucht wird, ob ein Säugling zwischen zwei visuellen Reizen unterscheiden kann. Kann man diese auch verwenden, um zu prüfen, welcher von zwei Stimuli dem Säugling besser gefällt? Warum (nicht)? [S. 179 f.]
3. Definieren Sie *Sehschärfe* und beschreiben Sie ihre Entwicklung im ersten Lebensjahr. [S. 180 ff.]
4. Was ist *Wahrnehmungskonstanz* und wie entwickelt sich diese im ersten Lebensjahr? [S. 185]
5. Beschreiben Sie kurz die Methoden und die Hauptergebnisse eines berühmten Experiments, mit dem man ursprünglich die Entwicklung der Tiefenwahrnehmung von Säuglingen untersuchen wollte, das jedoch später zur Untersuchung einer Vielzahl von Entwicklungsphänomenen kognitiver, emotionaler und sozialer Art eingesetzt wurde. [S. 207 f.]
6. Was ist *binokulare Disparität* und wozu dient diese? Nennen Sie ein vergleichbares Phänomen aus dem Bereich des Hörens. [S. 190 ff.]
7. Nennen Sie drei Merkmale der Musikwahrnehmung von Säuglingen im ersten Lebensjahr und beschreiben Sie jeweils eine Untersuchungsmethode, mit deren Hilfe die jeweilige Fähigkeit nachgewiesen werden konnte. [S. 193 ff.]
8. Beschreiben Sie eine Methode, mit der man den Geruchssinn von Säuglingen untersucht und nennen Sie ein diesbezügliches Ergebnis. [S. 195 f.]
9. Piaget nahm an, dass Babys mehrere Monate lang explorieren müssen, bevor sie in der Lage sind, Informationen aus unterschiedlichen Sinnessystemen miteinander zu verknüpfen. Beschreiben Sie zwei Befunde, die dieser Annahme widersprechen. Berücksichtigen Sie dabei nicht nur die Ergebnisse, sondern auch die Methoden der Studien sowie das Alter der Studienteilnehmer. [S. 196 ff.]
10. Beschreiben Sie kurz sieben Reflexe, über die Säuglinge im ersten Lebensjahr verfügen. Nennen Sie die zugehörige adaptive Funktion, falls vorhanden. Die Existenz welchen Reflexes hat Sie persönlich am meisten überrascht? Warum? [S. 198 ff.]
11. In Abb. 5.27 auf S. 201 des Lehrbuchs finden Sie eine Auflistung der wichtigsten motorischen Meilensteine, die westliche Säuglinge in der frühen Kindheit erreichen, sowie die typischen Zeiträume hierfür. Erfragen Sie bei Ihren Eltern, wie Ihre eigene motorische Entwicklung verlief und erstellen Sie für sich einen entsprechenden Zeit-

strahl. Vergleichen Sie Ihre Erkenntnisse mit denen einiger ihrer Freunde oder Geschwister. Welche Erkenntnisse ziehen Sie daraus?

12. Falls Sie bereits eigene (kleine) Kinder haben oder in Ihrem Freundeskreis oder in Ihrer erweiterten Familie Säuglinge vorhanden sind, die Sie in Absprache mit den Eltern beobachten dürfen, dokumentieren Sie deren motorische Entwicklung im Verlauf eines Semesters und schenken Sie das kreativ aufbereitete Ergebnis Ihrer Beobachtungen dem Kind und seinen Eltern. [S. 200 ff.]

13. Beschreiben Sie eine Untersuchung, mit der gezeigt werden konnte, dass Babys statistische Häufigkeiten unterscheiden können. [S. 210 f.]

14. Beschreiben Sie den vermuteten Zusammenhang zwischen klassischem Konditionieren und emotionaler (Selbst-)Regulation bei Säuglingen. [S. 211 f.]

15. Wie wird das Verfahren der Erwartungsverletzung eingesetzt, um das Denken von präverbalen Säuglingen zu untersuchen? [S. 188 f., 215]

16. Entwerfen Sie ein Studiendesign, mit dem untersucht werden könnte, ob Säuglinge Musik zur Selbstregulation nutzen können oder diese lediglich eine Ablenkungsfunktion hat. [S. 193 ff.]

17. Wie würden Sie zeigen, dass neugeborene Säuglinge mittels operanter Konditionierung lernen können? [S. 212 f.]

5.2 Multiple Response

18. Welche der folgenden visuellen Fähigkeiten können im Verlauf des ersten Lebensjahres nachgewiesen werden? [S. 179 ff.]
   a. Kontrastempfindlichkeit
   b. Farbensehen
   c. Visuelles Abtasten
   d. Unterscheidung emotionaler Ausdrücke
   e. Wahrnehmung der subjektiven Kontur
   f. Objektpermanenz
   g. Zusammenhänge zwischen zwei sich gleichzeitig bewegenden Objekten
   h. Objekttrennung
   i. Tiefenwahrnehmung

19. Welche der folgenden Aussagen in Bezug auf das Sehen von Säuglingen sind falsch? [S. 179 ff.]
   a. Bereits neugeborene Säuglinge präferieren gesichtsähnliche Formen.
   b. Kontrastreiche visuelle Reize werden deswegen von Säuglingen bevorzugt angesehen, weil sie in den ersten

Gerade bei geschlossenen Frageformaten wie Multiple-Response- oder auch Richtig-falsch-Fragen ist es wichtig, zu verstehen und nicht auswendig zu lernen. In schriftlichen Prüfungen können die Fragen leicht variieren und die Fragerichtung, die Reihenfolge oder die Anzahl der Antwortoptionen verändert sein. Lesen Sie daher jede Frage aufmerksam durch und durchdenken Sie die Antwortoptionen genau, auch wenn Sie meinen, die richtige Antwort bereits genau zu kennen.

5

Lebensmonaten nur Muster mit hohem Kontrast erkennen können.

c. Die Sehschärfe entwickelt sich kontinuierlich und erreicht das Niveau eines Erwachsenen etwa im Alter von sieben Jahren.

d. Die Farbwahrnehmung ist im Alter von zwei Monaten bereits ähnlich wie bei Erwachsenen entwickelt.

e. Die Präferenz für weibliche Gesichter, die Säuglinge im ersten halben Jahr ihres Lebens zeigen, ist angeboren und damit nicht erfahrungsabhängig.

f. Säuglinge im Alter von etwa sechs Monaten können Affengesichter genauso gut unterscheiden wie Erwachsene.

g. Die Fähigkeit, Individuen voneinander zu unterscheiden, entwickelt sich erfahrungsabhängig und ist bereits bei neun Monate alte Säuglinge besser ausgeprägt für Gesichter derjenigen Ethnien, mit denen der Säugling die meiste Zeit verbringt.

20. Welche der folgenden Aussagen bezüglich des Hörens von Säuglingen sind richtig? [S. 193 ff.]

a. Ähnlich wie beim Sehen, bei dem von Anfang an Muster erkannt und bevorzugt werden, erkennen Säuglinge auch beim Hören von Anfang an Muster bzw. Regelmäßigkeiten, manche sogar vorgeburtlich.

b. Säuglinge präferieren von Geburt an dissonante Klänge.

c. Im auditiven Bereich ist, ähnlich wie bei der visuellen Wahrnehmung, im ersten Lebensjahr das Phänomen der Wahrnehmungsverengung beobachtbar.

d. Bereits bei der Geburt weisen vorgeburtlich hörende Säuglinge ein rudimentäres Wissen über Melodie und Rhythmus der eigenen Sprache auf.

21. Reflexe sind [S. 198 ff.]

a. erlernte Verhaltensweisen.

b. angeborene, fest gefügte Handlungsmuster.

c. zufällige Bewegungsfolgen.

d. Meilensteine der Motorik.

22. Die motorische Entwicklung in den ersten Lebensjahren [S. 200 ff.]

a. ist universell und erfahrungsunabhängig, und zwar sowohl in Bezug auf die Reihenfolge der Meilensteine als auch auf den Zeitraum ihrer Erreichung.

b. ist dynamischer Natur und beinhaltet komplexe Interaktionen zwischen Reifungs- und Lernprozessen.

c. bereitet den Boden für Entwicklungen des Denkens und erweitert die Wahrnehmung.

d. ist eng verbunden mit der Entwicklung der Sinne wie Sehen, Hören oder Tasten/Fühlen.

23. Gedächtnisleistungen [S. 209]
   a. sind eng verbunden mit dem Lernen des Säuglings.
   b. sind in rudimentärer Form bereits vor der Geburt vorhanden.
   c. entwickeln sich rasant in den ersten Lebensjahren.
   d. sind empirisch beim präverbalen Säugling nicht untersuchbar.
   e. sind erst etwa ab Mitte des zweiten Lebensjahres nachweisbar, wenn auch die bewusste Erinnerung Erwachsener an ihre Kindheit einsetzt.
24. Welche der folgenden Lernmechanismen wurden bereits bei Säuglingen untersucht und nachgewiesen? [S. 209 ff.]
   a. Habituation
   b. Klassisches Konditionieren
   c. Operantes Konditionieren
   d. Statistisches Lernen
   e. Rationales Lernen
   f. Lernen durch Nachahmung
   g. Aktives Lernen

5.3 Richtig oder falsch?

25. Vor einem Alter von sechs Monaten sind Babys nicht dazu in der Lage, Sinneseindrücke unterschiedlicher Sinnessysteme miteinander zu verknüpfen. [S. 196 ff.]
   – richtig
   – falsch
26. Neugeborene Babys zeigen *kein* visuelles Erkundungsverhalten und *keine* akustische Lokalisation. [S. 179]
   – richtig
   – falsch
27. Babys hören von Geburt an genauso gut wie Erwachsene. [S. 193]
   – richtig
   – falsch
28. Säuglinge unterscheiden den Geruch der Milch ihrer eigenen Mutter von dem Geruch der Milch anderer Mütter bereits wenige Tage bis Wochen nach der Geburt. [S. 195 f.]
   – richtig
   – falsch
29. Geruchs- und Geschmacksvorlieben sind zumindest teilweise erfahrungsabhängig. [S. 195 f.]
   – richtig
   – falsch

5

Eine wunderbare Dokumentation über das erste Lebensjahr von vier Babys an unterschiedlichen Orten dieser Welt zeigt der Film „Babys" (Originaltitel: „Bébés") von Thomas Balmès. Der Film ist zugänglich über gängige Streaming- oder Videoausleihplattformen.

30. Intermodale Wahrnehmung bezeichnet die Kombination von Informationen aus zwei oder mehreren Sinnessystemen. [S. 196 ff.]
   ▬ richtig
   ▬ falsch

31. Intermodale Wahrnehmung ist erfahrungsabhängig. [S. 196 ff.]
   ▬ richtig
   ▬ falsch

32. Säuglinge sind im Alter von einem Monat in der Lage, Formen und Oberflächenbeschaffenheit von Gegenständen (z. B. Noppen vs. glatte Oberfläche), die sie erspürt, aber nicht gesehen haben, auf Bildern wiederzuerkennen. [S. 196 f.]
   ▬ richtig
   ▬ falsch

33. Im Unterschied zu Sehen und Hören ist das Phänomen der Wahrnehmungsverengung bei intermodalen Wahrnehmungsprozessen nicht zu beobachten. [S. 196 ff.]
   ▬ richtig
   ▬ falsch

34. Da die motorische Entwicklung von Kindern genetisch determiniert ist, haben unterschiedliche kulturelle Praktiken und Erziehungsstile keinen Einfluss auf den Zeitpunkt des Erreichens von motorischen Entwicklungsmeilensteinen wie Laufen. [S. 200 ff.]
   ▬ richtig
   ▬ falsch

35. Der Zeitpunkt, zu dem Säuglinge beginnen zu krabbeln, ist ein zuverlässiger Prädiktor für ihre kognitive Entwicklung. [S. 205 ff.]
   ▬ richtig
   ▬ falsch

36. Der Begriff Affordanz bezeichnet nach Gibson Handlungsmöglichkeiten, die sich aus Situationen oder Gegenständen heraus ergeben. [S. 203]
   ▬ richtig
   ▬ falsch

37. Im ersten Lebensjahr ahmen Säuglinge ausschließlich erwachsene Personen nach. [S. 213 ff.]
   ▬ richtig
   ▬ falsch

38. Die Geschwindigkeit der Habituation von Säuglingen ist ein Prädiktor für ihre allgemeine kognitive Leistungsfähigkeit im jungen Erwachsenenalter. [S. 209 f.]
   ▬ richtig
   ▬ falsch

39. Als rationale Imitation werden Nachahmungshandlungen bezeichnet, bei denen der emotionale Zustand des Modells außer Acht gelassen wird. [S. 213]
 ⏤ richtig
 ⏤ falsch

Zur Vertiefung

- **Weiterführende Videos**
⏤ Brain Matters (2020) eine wunderbare, frei zugängliche Dokumentation (in Englisch, aber auch in anderen Sprachen, darunter auch Deutsch, Russisch und Arabisch, zugänglich) über die frühkindliche Entwicklung: ▶ https://www.youtube.com/watch?v=Rw_aVnlp0JY. Zugegriffen: 16. Januar 2023.
⏤ Hervorragend gemacht ist auch die zugehörige Webseite, inkl. Ressourcen für Eltern und Profis: ▶ https://brainmattersfilm.com/. Zugegriffen am 16. Januar 2023.
⏤ Groskin, L. (2015). „Babies on the brink". ▶ https://www.sciencefriday.com/videos/babies-on-the-brink-2/. Zugegriffen: 16. Januar 2023.
⏤ Psychology Tomorrow (2015). „The Secret Life of The Baby's Brain". ▶ https://www.youtube.com/watch?v=h3BoUp-MjY-Y. Zugegriffen: 16. Januar 2023.

- **Denkt ein Baby?**
⏤ Pauen, S. (2007). *Was Babys denken: Eine Geschichte des ersten Lebensjahres.* München: C. H. Beck.

Die Entwicklung des Sprach- und Symbolgebrauchs

Inhaltsverzeichnis

6.1   Offene Fragen – 44

6.2   Multiple Response – 46

6.3   Richtig oder falsch? – 48

        Zur Vertiefung – 49

© Springer-Verlag GmbH Deutschland, ein Teil von Springer Nature 2023
M. Stolarova, S. Pauen, *Prüfungstrainer zur Entwicklungspsychologie im Kindes- und Jugendalter*,
https://doi.org/10.1007/978-3-662-64720-2_6

6.1 Offene Fragen

1. Was versteht man unter „Generativität der Sprache"? Erläutern Sie folgende Behauptung: „Die generative Kraft der Sprache gibt es nicht umsonst." Formulieren Sie ein *eigenes* Beispiel, das als Illustration dienen kann. [S. 227 f.]

2. Grenzen Sie semantische und pragmatische Sprachentwicklungskomponenten voneinander ab. Geben Sie jeweils ein Beispiel. [S. 228 f.]

3. Definieren Sie den Begriff „kritische Phase" in Bezug auf den Spracherwerb. [S. 230]

4. Es gibt Argumente für und gegen die Existenz einer kritischen Phase des Spracherwerbs (im Lehrbuch sind vor allem die Argumente dafür aufgelistet). Finden Sie mindestens zwei Argumente dafür und zwei dagegen. [S. 230]

5. In Ihrem Buch wird die Bezeichnung „kindzentrierte Sprache" als Übersetzung für „infant-directed talk" (manchmal auch „infant-directed speech") verwendet. In früheren Ausgaben findet sich für den gleichen Sachverhalt die Bezeichnung „motherese", im Deutschen häufig übersetzt als „Ammensprache", manchmal auch als „Mütterisch" oder „Elterisch". Welche Gründe sprechen gegen die Bezeichnungen „motherese" oder „Ammensprache"? Finden Sie eine bessere Übersetzung als „kindzentrierte Sprache"? [S. 233 f.]

6. Wofür steht die Abkürzung „VOT"? Definieren Sie den Begriff und erläutern Sie, welche Rolle die VOT bei der Sprachwahrnehmung (von Kindern und Erwachsenen) spielt? [S. 235]

7. Beschreiben Sie ein Untersuchungsdesign, mit dem gezeigt wurde, dass bereits Säuglinge Sprachlaute (ähnlich wie Erwachsene) kategorial wahrnehmen. [S. 234 ff.]

8. Erläutern Sie, wie sich die Muttersprache auf die Entwicklung der Fähigkeit, Sprachlaute voneinander zu unterscheiden, auswirkt. [S. 236 f.]

9. Woher wissen wir, dass bereits Säuglinge die Regelhaftigkeit von Sprachmustern (z. B. häufigere Betonung, häufige Lautkombinationen) erkennen? [S. 238 f.]

Kindlicher Spracherwerb

10. Welche Rolle wird der *geteilten Aufmerksamkeit* beim Spracherwerb zugeschrieben? [S. 241]

11. Nennen Sie zwei Beispiele für die Überdehnung der Wortbedeutung, die Kleinkinder häufig vornehmen. [S. 242 f.]

12. Wie werden pragmatische Hinweise von Kindern genutzt, um sich die Bedeutung unbekannter Wörter zu erschließen? Erklären Sie dieses Phänomen und nennen Sie ein Beispiel. [S. 246 ff.]

13. Erklären Sie die *Strategie des syntaktischen Bootstrapping* und beschreiben Sie ein Studiendesign, mit dessen Hilfe gezeigt werden konnte, dass sich Kleinkinder diese Strategie beim Spracherwerb zunutze machen können. [S. 249 ff.]

14. Definieren Sie *Übergeneralisierung* und geben Sie zwei Beispiele dafür. [S. 252 f.]

15. Noam Chomsky ist in der zweiten Hälfte des letzten Jahrhunderts als Vertreter einer linguistischen Theorie zum Spracherwerb berühmt geworden. Welche Theorie war das, und welche Gelehrten vertraten vor Chomsky eine ähnliche Meinung? Skizzieren Sie die Grundannahmen dieser Theorie. [S. 255 ff.]

16. Stilles Plappern bezeichnet _____. [S. 240]

17. Die Eltern eines zweijährigen Jungen wenden sich an Sie, weil sie sich Sorgen um die sprachliche Entwicklung ihres Sohnes machen. Welche Meilensteine erfragen Sie, um einzuschätzen, ob es sinnvoll wäre, die Kinderärztin bzw. den Kinderarzt bei nächster Gelegenheit darauf anzusprechen? [S. 243 ff.]

Lerntipp: Eigene Beispiele für abstrakte theoretische Konstrukte zu finden, kann Ihnen helfen, diese zu verstehen.

18. Beim formalen Erwerb einer Zweitsprache in der Schule treten im Gegensatz zu bilingual aufwachsenden Kindern häufiger Schwierigkeiten auf. Hinsichtlich der Debatte um den „Bilingualismus im Klassenzimmer" lassen sich zwei grundsätzliche Positionen unterscheiden. Während sich die eine für die totale Integration der Landessprache ausspricht, empfiehlt die andere, fachliche Grundkenntnisse der Zweitsprache zunächst in der Muttersprache zu vermitteln. Welche Position beziehen Sie selbst bzw. was halten Sie vor dem Hintergrund empirischer Erkenntnisse für besser umsetzbar und warum? [S. 231 f.]

6.2 Multiple Response

19. Arten von Sprachproduktion sind [S. 227.]
    a. Sprechen.
    b. Singen.
    c. Schreiben.
    d. Gebärden.
    e. Lachen.
20. Zu den Komponenten der Sprache gehören [S. 227 f.]
    a. Phoneme.
    b. Silben.
    c. Morpheme.
    d. Syntax.
21. Welche der folgenden Aspekte sind keine notwendige Voraussetzung für den Erwerb einer menschlichen Sprache als „Muttersprache"? [S. 228 ff.]
    a. Ein lateralisiertes menschliches Gehirn
    b. Uneingeschränktes Hörvermögen
    c. Ausreichender und angemessener sprachlicher Input in den ersten Lebensjahren
    d. Sprachlicher Input ausschließlich in einer Sprache für mindestens drei Jahre
22. Welche der folgenden Aspekte sind *keine* Merkmale der an Kinder gerichteten Sprache? [S. 233 f.]
    a. Größere Tonhöhenvariabilität
    b. Emotionaler Tonfall
    c. Langsamere Aussprache
    d. Erhöhte Lautstärke
    e. Undeutliche Aussprache
    f. Übertriebene Mimik
23. Voraussetzungen für den erfolgreichen Erwerb einer verbalen Lautsprache sind [S. 228 ff.]
    a. der Kontakt mit Sprache.
    b. eine emotionale Bindung zu mindestens einem Elternteil.
    c. ein menschliches Gehirn.
    d. ein gut entwickeltes Hörorgan.
24. Welche der folgenden Behauptungen in Bezug auf den kindlichen Erstspracherwerb treffen *nicht* zu? [S. 234 ff.]
    a. Bereits Säuglingen nehmen, ähnlich wie Erwachsene, sprachliche Laute kategorial und nicht als Kontinuum wahr.
    b. Säuglinge und Kleinkinder unterscheiden mehr Laute, als in ihrer Muttersprache vorhanden oder bedeutsam sind.

Lerntipp: Achten Sie auf die genaue Formulierung der Fragen. Beispielsweise wird in Frage 23 auf die „verbale Lautsprache" verwiesen, während in Frage 21 von „menschlicher Sprache" die Rede ist. Das bedeutet auch, dass in Frage 21 Gebärdensprachen einbezogen sind, was bei Frage 23 nicht der Fall ist.

c. Sprachproduktion und Sprachverständnis entwickeln sich zeitlich parallel.

d. Kleinkinder erwerben erst im Alter von etwa zwei Jahren die Fähigkeit, Muster in ihrer Sprachumgebung zu identifizieren.

25. Welche der folgenden Behauptungen treffen auf die Entwicklung der Sprachproduktion zu? [S. 239 ff.]

a. Auch Säuglinge, die keine Lautsprache, sondern eine Gebärdensprache erwerben, bereiten die Sprachproduktion durch rhythmisches „Plappern" vor.

b. Das frühe Plappern ist bereits im Alter von etwa neun Monaten sprachspezifisch, d. h., dass erwachsene Muttersprachler das „Plappern" zuverlässig der eigenen oder einer anderen Sprache zuweisen können.

c. Die Fähigkeit, Intersubjektivität herzustellen, entwickelt sich erst im dritten Lebensjahr und spielt daher auch keine Bedeutung beim frühen Spracherwerb.

d. Kleinkinder verstehen deutlich mehr Worte, als sie aktiv produzieren können. [S. 241]

e. Etwa um den zweiten Geburtstag herum steigt die Anzahl aktiv gesprochener Wörter plötzlich stark an. [S. 243]

26. Der sozioökonomische Status von Familien mit Kindern [S. 244 ff.]

a. hat keinen Einfluss auf den sprachlichen Input, den Kinder erhalten, und damit auch nicht auf deren Spracherwerb.

b. beeinflusst Quantität und Qualität des sprachlichen Inputs und bedingt somit Unterschiede im Spracherwerb.

c. wirkt sich auf die Wohngegend und die Wohnverhältnisse der Kinder aus und bedingt dadurch Unterschiede im Spracherwerb.

d. übt einen so starken Einfluss auf die kindliche Sprachentwicklung aus, dass Interventionsprogramme wirkungslos bleiben.

27. Welche der folgenden Aspekte bezeichnen keine pragmatischen Hinweise, die sich Kinder beim Spracherwerb zunutze machen? [S. 246 ff.]

a. Der soziale Kontext einer Benennung

b. Form und Gestalt von Objekten, Objektklassen

c. Objektpermanenz

d. Die grammatikalische Form (z. B. Verb vs. Substantiv)

e. Die grammatikalische Satzstruktur

f. Die Wortlänge

Lerntipp: Nutzen Sie den Platz am Rand gerne für eigene Notizen und Verweise. Spielt eine Frage auf konkrete Begriffsdefinitionen an, schlagen Sie diese bei Bedarf nach und schreiben Sie sie hier auf. So bezieht sich z. B. Frage 29 eindeutig auf die Begriffe „Vokabelspurt" oder „Wortschatzexplosion", ohne diese klar zu benennen.

28. Der Telegrammstil [S. 251 f.]
    a. ist ein besondere Bedienform für Telegrammgeräte.
    b. meint die ersten Sätze, meist Zweiwortäußerungen, von Kindern.
    c. bezeichnet Zweiwortäußerungen von Eltern, mit denen häufig Anweisungen gegeben werden.
    d. ist eine Dechiffriermethode kindlichen Ausdrucksverhaltens.
29. Die Fähigkeit zur *dualen Repräsentation* [S. 261 f.]
    a. ist universell und bedarf keiner Erfahrung mit Symbolen und Modellen.
    b. wird benötigt, um die Bedeutung von bildlichen Darstellungen, Modellen und Karten zu erkennen.
    c. ist notwendig, um abstrakte Zusammenhänge zu begreifen.

6

6.3   Richtig oder falsch?

30. Lesen ist *keine* Komponente der Sprache. [S. 227]
    ▬ richtig
    ▬ falsch
31. Der passive Wortschatz bzw. das Sprachverstehen entwickelt sich schneller als die Sprachproduktion bzw. der aktive Wortschatz. [S. 227 f.]
    ▬ richtig
    ▬ falsch
32. Säuglinge und Kleinkinder unterscheiden mehr Laute als Erwachsene mit derselben Muttersprache. [S. 235]
    ▬ richtig
    ▬ falsch
33. Erwachsene nehmen die meisten Unterschiede der sprachlichen Laute, die in ihrer Muttersprache bedeutungslos sind, nicht wahr. [S. 235 f.]
    ▬ richtig
    ▬ falsch
34. Erwachsene, die eine Fremdsprache erlernen, verfügen über metasprachliche Kompetenzen, die Kleinkindern bei dem Erstspracherwerb fehlen.
    ▬ richtig
    ▬ falsch
35. Damit der Spracherwerb gelingt, sollten Kinder zuerst eine Sprache richtig sprechen lernen, bevor sie zusätzlich eine zweite lernen. [S. 231 f.]
    ▬ richtig
    ▬ falsch

36. Als mehrsprachig können ausschließlich Menschen bezeichnet werden, die von Geburt an mit mehr als einer Sprache regelmäßigen Kontakt haben. [S. 231 f.]
   - richtig
   - falsch

37. Säuglinge schreien entsprechend der Prosodiemuster ihrer Muttersprache. [S. 234 ff.]
   - richtig
   - falsch

38. Kleinkinder beginnen etwa im Alter von einem Jahr, Wörter zu formen, ohne zuvor die Produktion von Sprachlauten geübt zu haben. [S. 239]
   - richtig
   - falsch

39. Der Wortschatz bilingual aufwachsender Kinder teilt sich auf zwei Sprachen auf, weshalb diese bei einer Vielzahl kognitiver Tests zu exekutiven Funktionen und zur kognitiven Kontrolle schlechter abschneiden als monolingual aufwachsende Kinder. [S. 231 f.]
   - richtig
   - falsch

40. Der russische Entwicklungstheoretiker und Lehrer, Lev Wygotski, war der Meinung, dass Selbstgespräche Kindern helfen, ihre Handlungen zu organisieren. Mit der Zeit werden Selbstgespräche als Denken internalisiert. [S. 253]
   - richtig
   - falsch

41. Der Begriff „kollektiver Monolog" bezeichnet ein wesentliches Symptom einer seltenen, genetisch bedingten Sprachentwicklungsstörung. Hierbei sind Kinder nicht in der Lage, dialogische Interaktionen aufrechtzuerhalten. [S. 253]
   - richtig
   - falsch

42. Kindern mit Entwicklungsstörungen sollte keine mehrsprachige Umgebung zugemutet werden. [S. 231 f.]
   - richtig
   - falsch

Lerntipp: Es kann hilfreich sein, allgemeine Behauptungen an konkreten Fällen zu überprüfen. Selbst ein einziges Gegenbeispiel widerlegt sehr allgemein oder absolut gehaltene Behauptungen.

Fun Fact: Heute verwendet man die Ausdrücke „handlungsbegleitendes Sprechen" oder „Versprachlichung". Diese haben in unterschiedlichen Kontexten unterschiedliche Bedeutungen: Kinder setzen Versprachlichung manchmal als Problemlösestrategie ein, sie folgen unbewusst Wygotskis Argumentation und organisieren komplexe Handlungen dadurch, dass sie sie sprachlich begleiten und in Untereinheiten aufteilen. Erwachsene können damit u. a. Spracherwerb und Konzentration bei Kindern fördern oder auch die Strategie selbst anwenden. Recherchieren Sie eigenständig und finden Sie Anwendungsbeispiele.

Zur Vertiefung

■ **Kennen Sie ICD-10-GM Version 2018 F-80?**
   - Hierbei handelt es sich um den ICD-Code für „umschriebene Entwicklungsstörungen des Sprechens und der Sprache" nach der internationalen statistischen Klassifikation der Krankheiten und verwandter

Gesundheitsprobleme, 10. Revision, German Modification, Version 2018. Achtung: Ab 2022 gilt laut WHO die neue ICD-11.

■ **Weiterführende Literatur zur Entwicklungsstörung**
— von Loh, S. (2017). *Entwicklungsstörungen bei Kindern. Medizinisches Grundwissen für pädagogische und therapeutische Berufs.* Stuttgart: Kohlhammer.

6

Die Entwicklung von Konzepten

Inhaltsverzeichnis

7.1   Offene Fragen – 52

7.2   Multiple Response – 53

7.3   Richtig oder falsch? – 55

        Zur Vertiefung – 57

© Springer-Verlag GmbH Deutschland, ein Teil von Springer Nature 2023
M. Stolarova, S. Pauen, *Prüfungstrainer zur Entwicklungspsychologie im Kindes- und Jugendalter*,
https://doi.org/10.1007/978-3-662-64720-2_7

7

Machen Sie die Augen auf, beobachten Sie Kinder in Alltagssituationen und versuchen Sie, ihr Verhalten vor dem Hintergrund Ihrer neu gewonnenen Erkenntnisse zu interpretieren. Reflektieren Sie dabei stets kritisch: Gäbe es auch alternative Erklärungen? Sehen Sie nur, was Sie sehen wollen? Können wir nur wahrnehmen, was wir zu kennen meinen? Hinterfragen Sie sich, bevor Sie das Verhalten anderer infrage stellen.

7.1   Offene Fragen

1. Nennen Sie die vier Ebenen von Objekthierarchien und finden Sie Beispiele für jede Ebene (nach Möglichkeit nicht die Beispiele aus dem Lehrbuch, sondern eigene). [S. 276 ff.]
2. Beschreiben Sie, wie man Habituationsparadigmen einsetzen kann, um die Bildung von Kategorien oder Klassen beim präverbalen Säugling zu untersuchen. Wie unterscheiden sich diese Verfahren von Studien, die die Gehirnaktivität von Säuglingen aufzeichnen, um dieselbe Forschungsfrage zu beantworten? [S. 276 ff.]
3. Definieren Sie *naive* und *wissenschaftliche* Psychologie und grenzen Sie diese voneinander ab. Wozu nutzen Kinder naive Psychologie? Formulieren Sie ein eigenes Beispiel, an dem deutlich wird, wie und vielleicht auch warum Kinder naive Psychologie im Alltag einsetzen. [S. 280 ff.]
4. Die Abkürzung „TOM" steht für_____. Damit ist in der Psychologie meist _____ gemeint. [S. 282 ff.]
5. Der Aufgabentyp „falsche Überzeugungen" erzeugt, wenn man ihn entsprechend der jeweiligen kulturellen Begebenheiten anpasst, erstaunlich ähnliche Fehler bei etwa dreijährigen Kindern in sehr unterschiedlichen Kulturen. Im Alter von etwa fünf Jahren meistern dann die meisten Kinder diese Aufgabe. Welche Schlüsse zieht man in der Entwicklungspsychologie daraus? Warum ist diese Aufgabenart wichtig für die Untersuchung der kindlichen Perspektivenübernahme? [S. 283 f.]
6. Einige Forscher schreiben Menschen mit Autismus-Spektrum-Störungen besondere Schwierigkeiten bei TOM-Aufgaben zu. Warum ist es schwierig, empirisch nachzuweisen, dass tatsächlich diese Art von Leistungen selektiv betroffen ist? [S. 285 f.]
7. Grenzen Sie die frühkindlichen „Als-ob-Spiele" von den etwas später dazukommenden „sozialen Rollenspielen" ab. Geben Sie ein Beispiel für ein Spiel, bei dem Kinder beide Arten erfolgreich miteinander kombinieren. [S. 287 ff.]
8. Die Erzieherin eines fünfjährigen Jungen meldet den Eltern zurück, dass ihr Sohn nicht gerne soziale Rollenspiele spielt und sich insgesamt eher wenig und ungern an Gruppenaktivitäten beteiligt. Stattdessen würde er sich zurückziehen und alleine (häufig in einem Baum) seine Fantasiespiele spielen. Zur Förderung der Sozialentwicklung des Kindes empfiehlt sie, ihn dazu zu bringen, mehr Rollenspiele zu spielen. Warum tut sie das? Welche Schwierigkeiten sehen Sie bei der Umsetzung dieser Empfehlung? [S. 287 ff.]

9. Erklären Sie den Zusammenhang zwischen der Fähigkeit eines Säuglings oder Kleinkindes, sich selbst im Raum fortzubewegen und sich im Raum zu orientieren. Wie wurde dieser untersucht? [S. 299 ff.]

10. Beschreiben Sie zwei unterschiedliche Untersuchungsdesigns, mit deren Hilfe die Fähigkeit von Säuglingen, zeitliche Abfolgen zu erlernen, untersucht wird. Welche andere basale Fähigkeit (neben einem Grundverständnis für Zeit) ist hierfür unbedingt notwendig und warum? [S. 303 f.]

11. Die Tendenz von Säuglingen, beobachtete Handlungen zu imitieren, setzten Forschende ein, um das kindliche Verständnis für Kausalität zu untersuchen. Wie und warum taten sie das? [S. 294 ff.]

12. Numerische Gleichheit ist _____. [S. 304 f.]

13. Ältere Untersuchungen zeigten die Fähigkeit von Säuglingen, (kleine) gleiche Mengen von unterschiedlichen Objekten als gleich zu erkennen. Welchen wichtigen Aspekt von visuellen Darstellungen übersahen die Autoren dieser Studien? [S. 304 f.]

14. Nennen und beschreiben Sie kurz die fünf Prinzipien des Zählens. [S. 306 f.]

> Lerntipp: Die Visualisierung komplexer Zusammenhänge kann Ihnen dabei helfen, diese zu begreifen und zu behalten.

7.2 Multiple Response

15. Der Begriff „Konzepte" meint im Kontext dieses Kapitels des Lehrbuchs [S. 274 f.]
    a. primäre und sekundäre Kategorien.
    b. theoretische Entwürfe.
    c. angeborene, universelle, erfahrungsunabhängige Wahrnehmungskategorien.
    d. geistige Vorstellungen oder Auffassungen, die der Klassenbildung dienen.
    e. kindliche Lernprädispositionen.

16. Wahrnehmungsbasierte Klassifikation bezeichnet die Gruppierung von Objekten anhand [S. 277]
    a. der zeitlichen Nähe ihres Auftretens.
    b. der räumlichen Nähe ihres Auftretens.
    c. ihrer gleichgerichteten, gemeinsamen Bewegung.
    d. eines ähnlichen Erscheinungsbildes.
    e. einer ähnlichen Funktion.

17. Welche(s) der folgenden Merkmale von Objekten und Lebewesen nutzen Kinder vor dem zweiten Geburtstag, um Klassen oder Kategorien zu bilden? [S. 276 f.]
    a. Bewegung
    b. Gesamtform
    c. Funktion

   d. Kausalbeziehungen

   e. Einzelne Merkmale des Erscheinungsbildes

   f. Farbe

18. Welche der folgenden Aussagen in Bezug auf naive psychologische Konzepte stimmt/stimmen *nicht*? [S. 280 ff.]

   a. Sie beziehen sich auf unsichtbare, mentale Zustände.

   b. Sie entwickeln sich bereits in der frühen Kindheit.

   c. Sie ermöglichen ein rudimentäres Verständnis davon, wie unsichtbare mentale Prozesse wie Wünsche, Emotionen oder Überzeugungen das sichtbare Verhalten beeinflussen.

   d. Sie stellen grundsätzlich objektiv nachvollziehbare Zusammenhänge dar.

   e. Sie sind durch subjektive Ursache-Wirkungs-Zusammenhänge miteinander verknüpft.

19. Der zur Erforschung des kindlichen Verständnisses psychologischer Zusammenhänge eingesetzte Aufgabentyp „falsche Überzeugungen" [S. 283 f.]

   a. testet das kindliche Wissen über naturwissenschaftliche Phänomene.

   b. wird eingesetzt, um eine Form der Perspektivenübernahme und ihre Entwicklung zu erforschen.

   c. liefert ausschließlich in westlichen Kulturen kohärente Ergebnisse.

   d. offenbart die Schwierigkeiten, die dreijährige Kinder damit haben, die Gedankengänge anderer Menschen unabhängig vom eigenen Wissen vorherzusagen.

   e. weist die grundlegend falschen Überzeugungen von fünfjährigen Kindern in Bezug auf psychologische Grundlagen des Verhaltens nach.

20. Empiristische Erklärungsmodelle der spezifischen Einschränkungen der TOM-Entwicklung bei Kindern mit autistischen Störungen [S. 285 f.]

   a. gehen von einer angeborenen Beeinträchtigung des TOM-Moduls im kindlichen Gehirn aus.

   b. sehen in der mangelnden Fähigkeit, mit anderen Menschen zu interagieren, die Ursache für Beeinträchtigungen bei der Entwicklung der Perspektivenübernahme.

   c. erklären die geringe Auftretenswahrscheinlichkeit von autistischen Störungen.

   d. widersprechen den nativistischen Erklärungsmodellen.

   e. sehen einen Zusammenhang zwischen der Entwicklung der Informationsverarbeitung, der Impulskontrolle, des logischen Schlussfolgerns und der Perspektivenübernahme.

21. Die nativistischen Erklärungsmodelle des kindlichen Erwerbs biologischen Wissens [S. 293 f.]
    a. gehen davon aus, dass angeborene, neuronale Strukturen die Grundvoraussetzung für den frühen und schnellen Erwerb von Wissen über Lebewesen und biologische Prozesse darstellen.
    b. sehen keine evolutionären Vorteile im schnellen Erwerb von Wissen über Tiere und Pflanzen für den menschlichen Säugling.
    c. begründen die schnellen und universellen Fortschritte mit Erfahrungslernen.
    d. widersprechen empiristischen Erklärungsansätzen.
22. Räumliche Wahrnehmung in der frühen Kindheit [S. 298 ff.]
    a. entwickelt sich erfahrungsunabhängig.
    b. wird von Beginn an unabhängig von der Position des eigenen Körpers kodiert.
    c. ist eng mit der Entwicklung der eigenen Fortbewegung verbunden.
    d. ist notwendigerweise mit der Fähigkeit, zu sehen, verbunden.
    e. bildet sich in Abhängigkeit von der konkreten Umgebung und Erfahrung aus.
23. In Bezug auf die Entwicklung der Wahrnehmung von Zeit gilt Folgendes: [S. 302 ff.]
    a. Bereits im Alter von drei Monaten sind Säuglinge in der Lage, einfache zeitliche Abfolgen zu erlernen bzw. vorherzusagen.
    b. Bereits Säuglinge erfassen zeitliche Dauer absolut und nicht relativ.
    c. Zeitwahrnehmung erfolgt erfahrungsabhängig.

7.3   Richtig oder falsch?

24. Art und Anzahl der Konzepte, die Kinder in den ersten Lebensjahren nutzen, um die materielle Welt zu erfassen und zu kategorisieren, sind universell. [S. 276 ff.]
    – richtig
    – falsch
25. Klassenhierarchie bezeichnet Kategorisierungen, die hierarchisch definiert werden, also durch Oberbegriffs- und Unterbegriffsbeziehungen beschrieben werden können. [S. 276]
    – richtig
    – falsch

Lerntipp: Abstrakte Definitionen können Sie (fast) immer und auch ungefragt durch konkrete Beispiele illustrieren und sie so besser begreifen. Nutzen Sie hierfür gerne die Randspalte in diesem Buch.

26. Bereits Säuglinge im ersten Lebensjahr sind in der Lage, Lebewesen und Gegenstände, die sie zuvor nie gesehen haben, auf der Grundlage eines ähnlichen Erscheinungsbildes zu klassifizieren. [S. 276 f.]
- richtig
- falsch

27. „Theory of Mind" wird im Deutschen treffenderweise als „Theorie des Geistes" übersetzt. [S. 282 ff.]
- richtig
- falsch

28. Kinder spielen „Als-ob-Spiele" maximal bis zur Vollendung des sechsten Lebensjahres. [S. 288]
- richtig
- falsch

29. Kinder, die im Vorschul- oder Grundschulalter einen fiktiven Freund oder imaginären Gefährten erfinden, weisen ein deutlich erhöhtes Risiko für die Entwicklung von schizophrenen Störungen im Erwachsenenalter auf. [S. 289 f.]
- richtig
- falsch

30. Kinder im Vorschulalter haben in der Regel noch kein Wissen über biologische Prozesse wie Vererbung und Verdauung erworben, wenn sie noch keine formelle Bildung erhalten haben. [S. 291 ff.]
- richtig
- falsch

31. Essenzialismus bezeichnet die (kindliche) Ansicht, dass lebendige Dinge im Inneren ein Wesen besitzen, das sie zu dem macht, was sie sind. [S. 292]
- richtig
- falsch

32. Bereits im Alter von etwa sechs Monaten sind Säuglinge dazu in der Lage, kausale Zusammenhänge zwischen physikalischen Ereignissen wahrzunehmen. [S. 294 ff.]
- richtig
- falsch

33. Kinder unter sieben Jahren sind nicht in der Lage, das Besondere an „Zaubertricks" zu erkennen, weil sie noch kein Verständnis für physikalische Ursache-Wirkungs-Zusammenhänge entwickelt haben. [S. 296 f.]
- richtig
- falsch

34. Nativisten und Empiristen gehen davon aus, dass die kindliche Konzeptentwicklung auf angeborenen, neurologischen Strukturen, sogenannten Modulen, beruht. [S. 275 ff.]
- richtig
- falsch

35. Empiristen gehen davon aus, dass allgemeine, universelle Lernmechanismen spezifisches Erfahrungslernen ermöglichen, wodurch kindliche Konzepte entstehen. [S. 275 ff.]
    ▬ richtig
    ▬ falsch
36. Die Entwicklung des kindlichen Verständnisses für Zukunft und Vergangenheit erfährt in den ersten acht Jahren keine qualitativ bedeutsamen Veränderungen. [S. 303 f.]
    ▬ richtig
    ▬ falsch

Zur Vertiefung

▪ **Weiterführende Informationen**

▬ Dähne, V., Klein, A., Jungmann, T., Sierau, S., Kliem, S. (2018). Einflussfaktoren auf die Theory of Mind-Entwicklung im Vorschulalter im Rahmen Früher Hilfen. *Praxis der Kinderpsychologie und Kinderpsychiatrie, 67*(5), 442–461.

▬ Sie finden im Netz einige gute Dokumentationen über die frühkindliche Entwicklung, auch spezifisch zur Entwicklung von Konzepten. Recherchieren Sie selbst oder fangen Sie hier an:

  - Quarks (2019). „So lernen Babys, in Kategorien zu denken". ▶ https://www.youtube.com/watch?v=r5PZ-lElEMM. Zugegriffen: 16. Januar 2023.
  - Unicef (2019). „Learn how to boost your baby's brain from a Harvard Professor": ▶ https://www.youtube.com/watch?v=fpiYNkkNmEo. Zugegriffen: 16. Januar 2023.
  - Planet Wissen (2011). Babys und Kleinkinder. ▶ https://www.youtube.com/watch?v=y8f_E6E5dag. Zugegriffen: 16. Januar 2023.

Intelligenz und schulische Leistungen

Inhaltsverzeichnis

8.1   Offene Fragen – 60

8.2   Multiple Response – 61

8.3   Richtig oder falsch? – 64

       Zur Vertiefung – 66

© Springer-Verlag GmbH Deutschland, ein Teil von Springer Nature 2023
M. Stolarova, S. Pauen, *Prüfungstrainer zur Entwicklungspsychologie im Kindes- und Jugendalter*,
https://doi.org/10.1007/978-3-662-64720-2_8

8.1 Offene Fragen

Intelligenz und Intelligenzquotient

1. Formulieren Sie zunächst eine eigene Definition des Konzepts Intelligenz, ohne direkt auf die drei möglichen Analyseebenen Bezug zu nehmen, und schreiben Sie diese auf. Beantworten Sie dabei für sich die Fragen: „Was bedeutet Intelligenz? Wer oder was ist intelligent?" Überprüfen Sie nach der vollständigen Bearbeitung dieses Kapitels, inwieweit Ihre Definition mit der aktuell akzeptierten, wissenschaftlichen Definition übereinstimmt.

2. Beschreiben Sie das Drei-Schichten-Modell der Intelligenz und zeichnen Sie einen Ausschnitt als Flussdiagramm. Berücksichtigen Sie dabei mindestens zwei allgemeine Fähigkeiten der mittleren Ebene. [S. 322 f.]

3. Intelligenztests sollen Intelligenz als Konzept erfassen. Gleichzeitig wird häufig behauptet, Intelligenz sei das, was der Intelligenztest misst. Beziehen Sie Stellung zu diesen kontroversen Aussagen. Finden Sie dabei jeweils mindestens drei Argumente, die für die Nützlichkeit von Intelligenztests sprechen, und drei, die auf Schwierigkeiten beim Einsatz und der Interpretation hinweisen. [S. 323 f.]

4. Der Intelligenzquotient (IQ) ist_____.
   [S. 324 f.]

5. Was ist eine Normalverteilung? Warum ist diese für die Intelligenzdiagnostik relevant? Nennen Sie ein Beispiel für eine andere normalverteilte Variable. [S. 324 f.]

6. Warum wird der IQ als eine der stabilsten Persönlichkeitseigenschaften bezeichnet? Finden Sie zwei Argumente für und zwei gegen diese Aussage. [S. 325 f.]

7. Sandra Scarr beschrieb passive, evozierende und aktive Wirkungen des kindlichen Genotyps auf die Anlage-Umwelt-Interaktion, die die kindliche Intelligenz beeinflussen. Definieren und beschreiben Sie kurz jede dieser Wirkungsarten und geben Sie jeweils mindestens ein konkretes Beispiel. [S. 329 f.]

8. Die relativen Einflüsse von genetischen Faktoren und Umweltvariablen auf die menschliche Intelligenz verändern sich im Laufe des Lebens. Beschreiben Sie diese Veränderungen von der frühen Kindheit bis zur Pubertät und erklären Sie, mit welchen Methoden diese Erkenntnisse gewonnen wurden. [S. 328 f.]

9. Was ist der *Flynn-Effekt*? Warum wird dieser als ein Beleg für die Bedeutung der Umwelt bei der Intelligenzentwicklung angesehen? [S. 333 f.]

10. Über welche Mechanismen wirkt sich Armut auf die Entwicklung der kindlichen Intelligenz aus? [S. 334 f.]

11. Warum entwickelte Gardner (1993) die Theorie der multiplen Intelligenzen? Nennen Sie alle acht Intelligenztypen nach Gardner, geben Sie jeweils ein Beispiel für die damit gemeinten Fähigkeiten und beschreiben Sie drei der Intelligenztypen ausführlicher (tabellarisch). [S. 340 f.]

12. Beschreiben Sie die fünf Stufen der Leseentwicklung nach Chall (1979). Geben Sie für jede Stufe ein Beispiel dafür, wie sich Entwicklungsschwierigkeiten äußern könnten. Finden Sie, dass dieses etwas ältere Modell den Prozess des Leseerwerbs ausreichend und auch passend für unterschiedliche Schriftsprachen erklärt? [S. 342]

13. Was ist *phonologische Bewusstheit* und wie hängt diese mit der Entwicklung der Lesefähigkeit zusammen? Wie kann man mit Vorschulkindern im Alltag phonologische Bewusstheit trainieren? [S. 342 f.]

14. Dyslexie bezeichnet _____. [S. 345 f.]

15. Beschreiben Sie das hypothetische Verhalten eines zwölfjährigen Kindes, das zwar stark ausgeprägte analytische und kreative Fähigkeiten hat, jedoch mangelhafte praktische Fähigkeiten (nach Sternberg, 1999). Wird dieses Kind Ihrer Meinung nach erfolgreich in der Schule sein? Warum? [S. 341 f.]

16. Einige Krankenkassen und einige Gemeinden in Deutschland schenken Kindern unter zwei Jahren (und ihren Familien) Bücherpakete. Auf welchen Forschungsergebnissen könnten solche Maßnahmen beruhen und welches Ziel haben diese wahrscheinlich?

17. Warum ist für die Diagnostik spezifischer Lernstörungen wie Dyslexie oder Dyskalkulie die Feststellung einer unbeeinträchtigten Intelligenzentwicklung notwendig? [S. 345 f.]

> Nehmen Sie sich Zeit und machen Sie selbst einen Intelligenztest, z. B. hier: ► https://iqtest.sueddeutsche.de/. Finden Sie die Ebenen, die Faktoren und die Komponenten von Intelligenz, die Sie in diesem Kapitel kennengelernt haben, wieder?

8.2 **Multiple Response**

18. Primärfaktoren der Intelligenz nach Thurstone sind [S. 322]
    a. acht verschiedene Komponenten der kristallinen Intelligenz.
    b. sieben geistige Fähigkeiten, die die Grundlage kognitiver Leistungsfähigkeit bilden.
    c. sieben verschiedene Teilbereiche des Intelligenztests von Binet.
    d. die Komponenten der fluiden Intelligenz.
    e. die genetischen Komponenten von Intelligenz.

In Abb. 8.2 auf S. 323 in Ihrem Lehrbuch finden Sie den Begriff „flüssige Intelligenz", wahrscheinlich haben Sie es erraten, gemeint ist „fluide Intelligenz".

19. Welche der folgenden Intelligenzkomponenten gehören *nicht* zu den acht Fähigkeiten mittlerer Ebenen im Intelligenzkonzept von John Caroll? [S. 323]
    a. Kristalline Intelligenz
    b. Visuelle Wahrnehmung
    c. Verarbeitungsgeschwindigkeit
    d. Allgemeine Intelligenz
    e. Fluide Intelligenz
    f. Kognitive Schnelligkeit
    g. Gedächtnisabruf
    h. Allgemeinwissen
    i. Lernen und Gedächtnis
    j. Gedächtnisspanne
    k. Kreativität
    l. Wortschatz
    m. Räumliches Denken

20. In jeder Normalverteilung [S. 324 f.]
    a. liegen 68 % der Messwerte innerhalb einer Standardabweichung links und rechts vom Mittelwert entfernt.
    b. ist der Mittelwert immer 100.
    c. liegen 95 % der Messwerte innerhalb von zwei Standardabweichungen links und rechts vom Mittelwert entfernt.
    d. sind die Messwerte symmetrisch um den Mittelwert verteilt.
    e. sinkt die Wahrscheinlichkeit, dass ein bestimmter Messwert erreicht wird, mit zunehmender Entfernung vom Mittelwert.
    f. entspricht eine Standardabweichung immer 15 Messpunkten.
    g. liegen die meisten Messwerte nah am Mittelwert.

21. Aktive Wirkungen des kindlichen Genotyps auf seiner Intelligenz [S. 329 f.]
    a. treten dann auf, wenn elterliche und kindliche Genotypen überlappen.
    b. erklären teilweise, warum die Korrelation zwischen den IQ-Werten von leiblichen Eltern und deren Kindern höher ist als zwischen Adoptiveltern und deren Kindern.
    c. ergeben sich daraus, dass der kindliche Genotyp zu Verhaltensweisen führt, die wiederum das Verhalten anderer Menschen beeinflussen.
    d. ergeben sich daraus, dass Kinder aktiv ihre Umgebung wählen bzw. gestalten.

22. Der Flynn-Effekt wird auf folgende Faktoren zurück-
    geführt: [S. 333 f.]
    a. Verbesserte Gesundheitsversorgung
    b. Einführung der allgemeinen Schulpflicht
    c. Erhöhung der durchschnittlichen Körpergröße
    d. Bessere Ernährungssituation
    e. Genetische Veränderungen
    f. Erhöhung des durchschnittlichen Gehirnvolumens
    g. Vermehrte Verfügbarkeit von Informationen durch
       elektronische Medien

23. Folgende Faktoren können den erreichten IQ-Testwert im
    Alter von zehn Jahren *nicht* beeinflussen. [S. 330 ff.]
    a. Mangelernährung der Mutter in der Schwangerschaft
    b. Unterernährung des Säuglings
    c. Bildungsstand der Eltern
    d. Bekanntheitsgrad der Testaufgaben
    e. Ausgelassene Mahlzeiten am Testtag
    f. Institutionalisierung und Vernachlässigung im ersten
       Lebensjahr
    g. Wiederholte Infektionserkrankungen im letzten Jahr
       vor der Testung
    h. Schlafmangel
    i. Familieneinkommen in den drei Jahren vor der Testung
    j. Familiäre Kriegs- und Fluchterfahrung vor dem achten
       Geburtstag des Kindes
    k. Mehr als fünf Geschwister
    l. Angsterkrankung der Mutter

24. Die wegweisende Studie von Sameroff und Kollegen (1993)
    zeigte u. a., dass [S. 335 ff.]
    a. der IQ eines Kindes tendenziell umso niedriger ist, je
       mehr Risiken in seiner Umwelt gemessen wurden.
    b. die Risikokumulation zwar bei vierjährigen Kindern mit
       niedrigeren IQ-Werten assoziiert ist, nicht aber bei
       13-jährigen.
    c. die Anzahl von Risikofaktoren ein besserer Prädiktor
       für den kindlichen IQ war als das Vorhandensein eines
       bestimmten Risikofaktors.
    d. Umweltrisiken sowohl unmittelbare als auch lang-
       fristige Auswirkungen auf die kindliche Intelligenz
       haben können.
    e. eine Verbesserung der Umweltbedingungen, in denen
       ein Kind aufwächst, keine Auswirkung auf seine Intelli-
       genz hat, wenn diese erst nach dem vierten Lebensjahr
       stattfindet.

Überlegen Sie einmal, was Sie tun könnten, um die Entwicklung von Kindern in Ihrer Umgebung positiv zu beeinflussen? Das können kleinere oder größere Schritte sein, nur wenige Kinder in Ihrer Nachbarschaft, oder größere Gruppen betreffen. Sie kennen die Risiken, Sie kennen vielversprechende Ansätze und Sie verstehen die Mechanismen dahinter – bringen Sie Ihr Wissen in die Umsetzung!

8

    f. IQ-Werte ebenso wie die Art und die Anzahl der Risikofaktoren, denen Kinder ausgesetzt sind, über die Kindheit hinweg relativ stabil sind.

25. Lesen ist eine Fähigkeit, [S. 342 ff.]
    a. deren Erwerb erst etwa ab dem sechsten Lebensjahr möglich ist.
    b. die auf Vorläuferkompetenzen, z. B. phonologische Bewusstheit und phonologische Rekodierung, aufbaut.
    c. die erfahrungsabhängig erworben wird.
    d. deren Erwerb etwa in der vierten Klasse vollumfänglich abgeschlossen wird.

26. Zum metakognitiven Verstehen beim Schreiben gehören folgende Aspekte: [S. 348 ff.]
    a. Das Verständnis, dass Leser/-in und Schreiber/-in nicht (notwendigerweise) über dasselbe Wissen verfügen
    b. Allgemeinwissen
    c. Die Erkenntnis, dass Planung und Überarbeitung zum (erfolgreichen) Schreibprozess dazugehören
    d. Eine lesbare Handschrift

27. Ein anderer Begriff für Rechenschwäche ist [S. 354]
    a. Dyslexie.
    b. Dyskalkulie.
    c. Dysnumerie.
    d. Dystrophie.
    e. Dysmathematie.
    f. Dysgrafie.

8.3 Richtig oder falsch?

28. Alfred Binet entwickelte den ersten Intelligenztest für Kinder, um hochbegabte Schüler identifizieren zu können. [S. 320]
    ▬ richtig
    ▬ falsch

29. IQ-Werte erlauben den Vergleich von Leistungen über Altersstufen hinweg. [S. 324]
    ▬ richtig
    ▬ falsch

30. Der IQ ist der einzige Prädiktor für den Schulerfolg von Kindern in der Grundschule. [S. 327 f.]
    ▬ richtig
    ▬ falsch

31. Der relative Einfluss von geteilter und nicht geteilter Umwelt auf die Intelligenz der Kinder (und damit die vermutete Relation zwischen dem Einfluss von Genetik und Umwelt) kann in Abhängigkeit von der soziokulturellen Herkunft und in Abhängigkeit vom Alter eines Menschen variieren. [S. 328 ff.]

- richtig
- falsch

32. In den letzten Jahren konnten Forschende drei Genabschnitte identifizieren, die mehr als 90 % der Vererbbarkeit von Intelligenz erklären. [S. 329]
- richtig
- falsch

33. Je länger der Schulbesuch andauert, desto höher fällt der (durchschnittliche) IQ aus. [S. 332 f.]
- richtig
- falsch

34. In den Sommerferien sinkt der durchschnittliche IQ von Schülern, die wenig(er) intellektuelle Anregung erfahren. [S. 333]
- richtig
- falsch

35. Der Anstieg der durchschnittlichen IQ-Werte, der in vielen (Industrie-)Ländern im 20. Jahrhundert beobachtet wurde, scheint sich gleichmäßig auf unterschiedliche Einkommensgruppen auszuwirken. [S. 333 f.]
- richtig
- falsch

36. Armut an sich hat keinen Einfluss auf die kindliche Intelligenzentwicklung, die beobachtbaren Effekte sind ausschließlich auf konfundierte Faktoren (z. B. den Bildungsstand der Eltern) zurückzuführen. [S. 334 f.]
- richtig
- falsch

37. Die Auswirkungen von Umweltrisiken auf die Intelligenzentwicklung von Kindern und Jugendlichen sind kumulativ. [S. 335 ff.]
- richtig
- falsch

38. Die Zunahme des IQ ist das einzige sinnvolle Evaluationskriterium, um den Erfolg von Interventionsprogrammen zur Förderung benachteiligter Kinder zu überprüfen. [S. 337 ff.]
- richtig
- falsch

39. Das Carolina-Abecedarian-Projekt ist ein Beispiel für ein umfassendes und erfolgreiches Frühförderprogramm für Kinder aus schwierigen sozialen Verhältnissen. [S. 337 ff.]
- richtig
- falsch

Lerntipp: „Testsmart" bezeichnet die Kompetenz, sich auf Prüfungen gezielt vorbereiten und eigenständig günstige Rahmenbedingung für die Prüfung schaffen zu können. Überlegen Sie und besprechen Sie mit Ihren Dozentinnen/Dozenten, wie Sie Ihre Prüfungen (mit)gestalten können, um für sich und Ihre Kommilitoninnen/ Kommilitonen bessere Bedingungen zu kreieren. Wie können Sie Ihre Prüfungsvorbereitung so verändern, dass Sie selbst die bestmöglichen Ergebnisse erzielen?

40. In Deutschland existiert ein einheitliches, bundesweites und gut zugängliches Frühförderprogramm, das darauf abzielt, Entwicklungsnachteile von Kindern aus schwierigen sozialen Verhältnissen auszugleichen. [S. 340]
    ▬ richtig
    ▬ falsch

41. Die vorschulische Erfahrung und Bildung spielen *keine* Rolle für die Entwicklung späterer mathematischer Kompetenzen. [S. 350 ff.]
    ▬ richtig
    ▬ falsch

42. Kinder, bei denen eine Rechenschwäche (Dyskalkulie) attestiert wurde, weichen auch in ihrem Intelligenzquotienten negativ vom Normalbereich (mindestens 85) ab. [S. 354]
    ▬ richtig
    ▬ falsch

43. Wenn die Grundlagen des Lesens erworben wurden, spielt es für das Leseverständnis keine Rolle mehr, wie viel ein Kind liest. [S. 346 f.]
    ▬ richtig
    ▬ falsch

44. Sprachverständnis ist unwesentlich für den Erwerb mathematischen Wissens [S. 350 ff.]
    ▬ richtig
    ▬ falsch

Zur Vertiefung

Weiterführende Videos
▬ James Flynn erklärt auf der TED-Konferenz im Jahr 2013, warum unsere IQ-Niveaus höher sind als die unserer Großeltern. ▶ https://www.ted.com/talks/james_flynn_why_our_iq_levels_are_higher_than_our_grandparents#t-5517. Zugegriffen: 16. Januar 2023.

▬ Brain Matters (2020) eine wunderbare, frei zugängliche Dokumentation (in Englisch, aber auch in anderen Sprachen, darunter auch Deutsch, Russisch und Arabisch, zugänglich) über die frühkindliche Entwicklung: ▶ https://www.youtube.com/watch?v=Rw_aVnlp0JY. Zugegriffen: 16. Januar 2023.

▬ Hervorragend gemacht ist auch die zugehörige Webseite, inkl. Ressourcen für Eltern und Profis: ▶ https://brainmattersfilm.com/. Zugegriffen am 16. Januar 2023.

▬ Und noch eine sehenswerte Dokumentation: BBC Science Documentary (2016). „How smart are you?" ▶ https://www.youtube.com/watch?v=GxtmnuVioLc&t=2295s. Zugegriffen: 16. Januar 2023.

- **Vertiefende Originalliteratur**
- Chall, J. (1979). The great debate: Ten years later, with a modest proposal for reading stages. In: L. B. Resnick, & P. A. Weaver (Eds.), *Theory and practice of early reading* (vol. 1, pp. 29–55). Hillsdale, NJ: Erlbaum.
- Gardner, H. (1993). *Multiple intelligences: The theory in practice.* New York: Basic Books.
- Sameroff, A. J., Seifer, R., Baldwin, A., & Baldwin, C. (1993). Stability of intelligence from preschool to adolescence: The influence of social and family risk factors. *Child Development, 64,* 80–97.
- Sternberg, R. J. (1999). The theory of successful intelligence. *Review of General Psychology, 3,* 292–316. ▶ https://doi.org/10.1037/1089-2680.3.4.292.

- **Die Probe aufs Exempel!**
- Auf die Schnelle die Normalverteilung verstehen? Hier finden Sie ein ansprechend gestaltetes Erklärvideo mit Erläuterungen: ▶ https://studyflix.de/mathematik/normalverteilung-1089. Zugegriffen: 16. Januar 2023.

- **Kennen Sie die Society for Research in Child Development (SRCD)?**
- Diese Fachgesellschaft bringt in regelmäßigen Abständen u. a. auch sogenannte Social Policy Reports heraus. Darin finden sich wissenschaftlich fundierte Empfehlungen zu aktuellen sozialpolitischen und gesellschaftlichen Fragestellungen mit Fokus auf die USA; die Veröffentlichungen können jedoch auch für Deutschland interessant sein, schauen Sie doch mal rein: ▶ https://www.srcd.org/research/journals/social-policy-report. Zugegriffen: 16. Januar 2023.

- **Ein Blick zurück in die Geschichte des IQ-Tests**
- Funke, f. (2006). Alfred Binet (1857 bis 1911) und der erste Intelligenztest der Welt. In: G. Lamberti (Hrsg.), *Intelligenz auf dem Prüfstand. 100 Jahre Psychometrie* (S. 23–40). Göttingen: Vandenhoeck & Ruprecht. [Aufgabe 8.28]

Theorien der sozialen Entwicklung

Inhaltsverzeichnis

9.1 Offene Fragen – 70

9.2 Multiple Response – 72

9.3 Richtig oder falsch? – 75

Zur Vertiefung – 76

© Springer-Verlag GmbH Deutschland, ein Teil von Springer Nature 2023
M. Stolarova, S. Pauen, *Prüfungstrainer zur Entwicklungspsychologie im Kindes- und Jugendalter*,
https://doi.org/10.1007/978-3-662-64720-2_9

9.1 Offene Fragen

1. Warum wird Freuds Theorie als eine Theorie der psychosexuellen Entwicklung bezeichnet? [S. 365 ff.]
2. Welche Gemeinsamkeiten finden Sie beim Vergleich der
   Entwicklungstheorien von Freud und von Erikson?
   [S. 365 ff.]
3. Die erogenen Zonen nach Sigmund Freud sind
   _____. [S. 366]
4. Definieren und beschreiben Sie die instinktiven Triebe, die
   nach Sigmund Freud für das menschliche Verhalten und
   die menschliche Entwicklung bestimmend sind. Nennen
   Sie ein konkretes Beispiel für einen solchen Trieb und
   geben Sie an, in welchem Alter dieser nach Freud be-
   sonders wirksam sein soll. [S. 366 f.]
5. Woher stammen die Bezeichnungen für die fünf Entwicklungsphasen nach Freud? Nennen Sie diese und geben
   Sie das ungefähre Alter an, in dem die Phasen jeweils nach
   Freud erreicht werden sollten. [S. 365 ff.]
6. Erörtern Sie die Begriffe „Lustprinzip" und „Realitäts-
   prinzip" im Sinne der psychoanalytischen Theorie von
   Freud. Finden Sie jeweils ein Beispiel für Verhaltensweisen
   von Kindern, die diesen beiden Prinzipien zugeordnet werden können. [S. 366 f.]
7. Wie unterscheiden sich nach Sigmund Freud die Persön-
   lichkeitsstrukturen „Ich" und „Über-Ich"? Nennen Sie jeweils ein Beispiel für konkrete „Aufgaben" beider Strukturen. [S. 366 f.]
8. Welchen wesentlichen Unterschied erkennen Sie zwischen
   den psychoanalytischen Theorien von Freud und von Erikson? Welchen wesentlichen Beitrag leisten beide zum theoretischen Verständnis von Entwicklungsprozessen über die
   Lebensspanne? [S. 365 ff.]
9. Freud behauptete, Säuglinge empfinden beim Stillen Lust.
   Nehmen Sie dazu Stellung. [S. 365 ff.]
10. Sigmund Freud kannte den Begriff „Impulskontrolle"
    nicht. Wie würde er diesen Ihrer Meinung nach einordnen
    und warum? [S. 365 ff.]
11. Beschreiben Sie die Entwicklung eines fiktiven Jungen, der
    nach Freud erfolgreich alle fünf Entwicklungsphasen
    durchläuft und zu einem gesunden Erwachsenen heran-
    reift. [S. 365 ff.]

12. Beschreiben Sie die Entwicklung eines fiktiven Mädchens, das nach Erikson erfolgreich die fünf Entwicklungsaufgaben bis zur Pubertät löst und zu einer gesunden Jugendlichen heranreift. [S. 368 f.]

13. Stellen Sie sich vor, Freud und Watson würden sich darüber unterhalten, welche Mechanismen die kindliche Entwicklung bestimmen. Welche Ansicht würden die beiden Theoretiker jeweils vertreten und welche Beispiele würden sie als (vermeintliche) Beweise ihrer Theorien anführen? [S. 365 ff., 370 f.]

14. Sie möchten einem vierjährigen Kind das Quengeln nach Süßigkeiten an der Supermarktkasse abgewöhnen und wollen dabei auf lerntheoretische Ansätze zurückgreifen. Wenn Sie das Prinzip der *intermittierenden Verstärkung* nicht kennen würden, welcher Fehler könnte Ihnen dabei unterlaufen? [S. 372]

Lerntipp: Lassen Sie sich nicht verwirren, folgende Bezeichnungen werden weitgehend synonym verwendet: lerntheoretische, verhaltenstheoretische und behavioristische Ansätze.

15. Definieren Sie den Begriff „Selbstsozialisation". Welchen theoretischen Ansätzen wird dieser zugeordnet? Warum? [S. 375 f.]

16. Der *feindliche Attributionsfehler* in Dodges Theorie bezeichnet _____. Können Sie aus eigener Erfahrung oder auf der Grundlage von Beobachtungen ein konkretes Beispiel hierfür formulieren? [S. 376 ff.]

17. Inwieweit können die Mechanismen der *Hilflosigkeitsorientierung* und der *Bewältigungsorientierung* die Anstrengungsbereitschaft von Grundschülern beeinflussen? Bringen Sie beide Konzepte in Zusammenhang mit der sich selbst erfüllenden Prophezeiung. Reflektieren Sie kurz, wie es um Ihre eigene Leistungsmotivation steht? [S. 378 f.]

18. In den letzten Jahren werden Pädagogen und Eltern vermehrt dazu angehalten, nicht die erreichte Leistung oder die Klugheit eines Kindes zu loben, sondern seine Bemühung und Anstrengung. Welche theoretischen Annahmen verbergen sich hinter dieser Empfehlung? Welche Probleme sehen Sie darin und warum? [S. 379 f.]

19. Beschreiben Sie ein konkretes (dann anonymisiert, sprechen Sie nicht von sich in der ersten Person und nennen Sie keine Namen) oder fiktives Kind in Interaktion mit jeder der Umweltebenen nach Bronfenbrenner. Beachten Sie dabei die Wechselwirkungen zwischen den Ebenen und die Bidirektionalität der Beziehung zwischen Kind und Um-

Bronfenbrenner und die bioökologischen Entwicklungsmodelle

9

welt. Nennen Sie Entwicklungschancen oder Ent-
wicklungsrisiken, die mit jeder dieser Ebenen verbunden
sind. [S. 385 ff.]

20. Würde Skinner die Vorstellung Banduras vom reziproken
Determinismus unterstützen? Warum (nicht)? [S. 371 f.]

21. Psychoanalytische und evolutionspsychologische Theorien
der Entwicklung unterscheiden sich in Bezug auf die Inhalte und die Konzepte sehr stark voneinander, auch liegen
zwischen ihnen etwa 100 Jahre. Welche methodische
Schwäche teilen sie dennoch miteinander? [S. 365 ff.,
382 ff.]

9.2 Multiple Response

22. Welche der folgenden Konzepte sind *keine* Persönlichkeits-
strukturen nach Sigmund Freud? [S. 365 ff.]
   a. Es
   b. Orale Phase
   c. Ich
   d. Er
   e. Elektra-Komplex
   f. Über-Ich
   g. Internalisierung

23. Freuds Theorie der psychosexuellen Entwicklung
[S. 365 ff.]
   a. hat keinen Einfluss mehr auf das heutige Verständnis
   kindlicher Entwicklungsprozesse.
   b. geht davon aus, dass von Geburt an Sexualtriebe Verhalten motivieren und Entwicklung ermöglichen.
   c. bildet die Grundlage für Eriksons psychosoziale Entwicklungstheorie.
   d. betont die Bedeutung von frühen Beziehungen zu erwachsenen Bezugspersonen für die psychische Gesundheit im Lebensverlauf.
   e. geht davon aus, dass die Art und Weise, wie Kinder die
   unterschiedlichen Phasen ihrer psychosexuellen Entwicklung durchlaufen, ihre Persönlichkeitsentwicklung
   ein Leben lang beeinflusst.

24. Eriksons Theorie der psychosozialen Entwicklung [S. 368 f.]
    a. ist ein lerntheoretischer Ansatz.
    b. baut auf die Grundannahme von Freuds Theorie der psychosexuellen Entwicklung auf.
    c. erweitert Freuds Theorie der psychosexuellen Entwicklung um soziale und kulturelle Aspekte.
    d. ist ein Stufenmodell der menschlichen Entwicklung über die Lebensspanne.
    e. umfasst die Entwicklung bis zum zehnten Lebensjahr.
    f. weist klare Bezüge zur Pädagogik auf.

25. Welche der folgenden sind *keine* Entwicklungsaufgaben bzw. Krisen im Rahmen von Eriksons Acht-Phasen-Entwicklungsmodell? [S. 368 f.]
    a. Urvertrauen vs. Misstrauen
    b. Autonomie vs. Scham
    c. Initiative vs. Schuld
    d. Realitätssinn vs. Lustgefühl
    e. Werksinn vs. Minderwertigkeitsgefühl
    f. Identität vs. Rollenkonfusion
    g. Sexualität vs. Einsamkeit
    h. Intimität vs. Isolation
    i. Generativität vs. Stagnation
    j. Zielstrebigkeit vs. Gelassenheit
    k. Integrität vs. Verzweiflung
    l. Todessehnsucht vs. Todesangst

26. Welche der folgenden Theoretiker prägten lerntheoretische Ansätze der sozialen Entwicklung? [S. 369 ff.]
    a. Erikson
    b. Freud
    c. Skinner
    d. Wygotski
    e. Bandura
    f. Watson
    g. Piaget

27. Behavioristische Ansätze gehen davon aus, dass [S. 369 f.]
    a. angeborene Triebe den Entwicklungsprozess bestimmen.
    b. die Umwelt eines Kindes für die Entwicklung seiner sozialen Fähigkeiten und kognitiven Kompetenzen verantwortlich ist.
    c. ein großer Teil der Motivation menschlichen Handelns unbewusst ist.

In Ihrem Lehrbuch werden lediglich fünf der acht Phasen von Eriksons Stufenmodell der menschlichen Entwicklung besprochen, weil diese die Kindheit und die Jugend abdecken. Geben Sie sich damit nicht zufrieden, recherchieren Sie selbst und betrachten Sie das komplette Modell. Und wenn Sie schon dabei sind: Finden Sie Parallelen zwischen der Lebenserfahrung von Erikson und seinem Entwicklungsmodell?

Seien Sie testsmart: Wenn in Frage 25 explizit nach den acht Phasen gefragt wird und insgesamt zwölf Antwortoptionen gegeben sind, ist es sehr wahrscheinlich, dass – je nach Fragerichtung – acht oder vier Antwortoptionen richtig sind.

d. die frühen Beziehungen des Säuglings für den Verlauf seiner sozialen Entwicklung entscheidend sind.

e. klassisches und operantes Konditionieren wesentlichen Einfluss auf die kindliche Entwicklung haben.

f. das Ignorieren unerwünschten Verhaltens eine wirksame Strategie ist, um Kindern ein solches abzugewöhnen.

28. Intermittierende Verstärkung [S. 371 f.]

a. ist ein Mechanismus des operanten Konditionierens.

b. ist wirksamer bei der Löschung unerwünschten Verhaltens als Bestrafung.

c. bezeichnet eine inkonsequente Belohnungsmethode.

d. ist wirksamer als kontinuierliche Verstärkung.

e. bezeichnet das konsequente Ignorieren unerwünschten Verhaltens und ist daher eine Form der Bestrafung.

29. Albert Banduras Theorie [S. 372 ff.]

a. ist ein psychoanalytischer Ansatz.

b. postuliert, dass Beobachtung und Nachahmung die Kernmechanismen kindlicher Entwicklung sind.

c. geht davon aus, dass ausschließlich die direkte und unmittelbare Beobachtung anderer Menschen kindliche Verhaltensweisen beeinflussen kann, nicht aber symbolische Modelle, beispielsweise aus Büchern oder Filmen.

d. geht davon aus, dass das sich entwickelnde Kind von seiner Umwelt beeinflusst wird, diese dabei jedoch auch selbst aktiv verändert.

30. Selmans Stufentheorie der Perspektivenübernahme ist [S. 376]

a. eine Theorie der sozialen Kognition.

b. ein psychoanalytischer Ansatz.

c. eine Theory of Mind (TOM).

d. eine Theorie, die sich mit der Sozialentwicklung von Kindern befasst.

e. weist Parallelen zur Piagets Theorie der kognitiven Entwicklung auf.

31. Unterschiedliche Leistungsmotivationen und Selbstattributionstendenzen nach Carol Dweck [S. 378 ff.]

a. sind in angeborenen Trieben begründet.

b. zeigen sich bereits im Vorschulalter.

c. beeinflussen die kindlichen Lernleistungen und das Befinden.

d. zeigen sich im Umgang mit herausfordernden Aufgaben und eigenem Scheitern.

e. lassen sich durch gezielte Interventionen verändern.

f. ergeben sich aus Erfahrungslernen heraus.

32. Bronfenbrenners bioökologisches Entwicklungsmodell [S. 385 ff.]
    a. sieht menschliche Entwicklung als Ergebnis einer stetigen, dynamischen Interaktion zwischen dem Individuum und unterschiedlichen Ebenen seiner Umwelt.
    b. ist ein lerntheoretischer Ansatz.
    c. bietet ein umfassendes Modell der menschlichen Entwicklung.
    d. kann als Grundlage für Prävention und Intervention genutzt werden.
    e. hat keinen Einfluss auf politische Entscheidungsprozesse oder pädagogische Curricula.
33. Welche der folgenden Begriffe bezeichnen Kontextebenen im Rahmen von Bronfenbrenners Entwicklungstheorie? [S. 385 ff.]
    a. Mikrosystem
    b. Mesosystem
    c. Minisystem
    d. Exosystem
    e. Makrosystem
    f. Chronosystem
    g. Maxisystem
    h. Ekosystem

9.3 Richtig oder falsch?

34. Sigmund Freud ist der einzige einflussreiche Vertreter psychoanalytischer Entwicklungstheorien. [S. 365 ff.]
    ▬ richtig
    ▬ falsch
35. In der psychoanalytischen Theorie von Sigmund Freud werden Verhalten und Entwicklung durch die Bewältigung festgelegter Entwicklungskrisen vorangetrieben. [S. 365 ff.]
    ▬ richtig
    ▬ falsch
36. Sigmund Freud hat Psychologie (mit Schwerpunkt Entwicklungspsychologie) studiert.
    ▬ richtig
    ▬ falsch
37. John B. Watson betonte in seiner Entwicklungstheorie die Bedeutung von innigen, warmen Beziehungen zwischen Säuglingen und ihren Bezugspersonen für die gesunde psychische Entwicklung im Lebensverlauf. [S. 370 f.]
    ▬ richtig
    ▬ falsch

38. Das Ausschimpfen eines Kindes stellt eine Art Aufmerksamkeit gegenüber dem Kind dar, die unerwünschte Verhaltensweisen verstärken und damit dazu beitragen kann, dass diese fortbestehen. [S. 372]
    - richtig
    - falsch

39. Verhaltensmodifikation ist eine Therapieform, die auf Prinzipien der operanten Konditionierung beruht und durch Veränderung der Verstärkungskontingenzen erwünschtes Verhalten fördert. [S. 372]
    - richtig
    - falsch

40. Albert Bandura nahm an, dass soziales Lernen notwendigerweise auf Verstärkung und Bestrafung beruhen muss. [S. 372 ff.]
    - richtig
    - falsch

41. Evolutionspsychologische Entwicklungstheorien sehen den Grund für elterliches Fürsorgeverhalten darin, dass Eltern auf diese Weise das Überleben ihrer eigenen Gene sichern. [S. 382 ff.]
    - richtig
    - falsch

42. Bronfenbrenner ging davon aus, dass Wechselwirkungen zwischen dem Kind und allen Einflussebenen der kindlichen Umwelt bestehen können. [S. 385 ff.]
    - richtig
    - falsch

9

Zur Vertiefung

- **Weiterführende Literatur**
- *Freuds gesammelte Werke* zum freien Download: ▶ http://freud-online.de/index.php?page=home&f=1&i=home. Zugegriffen: 16. Januar 2023. [Aufgabe 9.1]

- **Weiterführende Originalliteratur**
- Bronfenbrenner, U. (1981). *Die Ökologie der menschlichen Entwicklung*. Stuttgart: Klett. [Aufgabe 9.19]

Emotionale Entwicklung

Inhaltsverzeichnis

10.1   Offene Fragen – 78

10.2   Multiple Response – 79

10.3   Richtig oder falsch? – 81

Zur Vertiefung – 83

© Springer-Verlag GmbH Deutschland, ein Teil von Springer Nature 2023
M. Stolarova, S. Pauen, *Prüfungstrainer zur Entwicklungspsychologie im Kindes- und Jugendalter*,
https://doi.org/10.1007/978-3-662-64720-2_10

10.1 Offene Fragen

Walter Mischel ist der Forscher hinter dem Marshmallow-Test, einem der berühmtesten Experimente zur Selbstkontrolle im Kindesalter. Sie finden hier ein sehr sehenswertes Interview mit ihm:
▶ https://psychologie-lernen.de/2017/12/25/der-marshmallow-test-walter-mischel-im-interview/. Lesenswert ist auch das Buch dazu, dass Sie übersetzt in verschiedenen Sprachen finden können. Fehlt es (noch) in Ihrer Bibliothek? Stellen Sie einen Antrag darauf, dass es gekauft wird.

10

1. Wie hängen soziale Fähigkeiten und emotionale Intelligenz zusammen? Formulieren Sie zunächst allgemein und geben Sie dann zwei bis drei konkrete Beispiele aus Ihrer eigenen Erfahrung oder Beobachtung. [S. 404 ff.]

2. Eines der berühmtesten Experimente der Entwicklungspsychologie ist das sogenannte Marshmallow-Experiment. Was ist die zentrale Erkenntnis daraus, und warum hat diese Studie Ihrer Meinung nach einen so großen Einfluss auf unser Denken über die kindliche Entwicklung erlangt? [S. 404 f.]

3. Welche Komponenten kennzeichnen Emotionen im Sinne psychologischer und psychophysiologischer Forschung? Wie verhalten sich Emotionen zu den umgangssprachlichen Gefühlen? [S. 405 ff.]

4. Definieren Sie „Fremdeln". In welchem Alter beginnen die meisten Kinder, diese emotionale Reaktion zu zeigen? [S. 410 f.]

5. Was ist *emotionale Selbstregulierung*? Welche Aspekte sind daran beteiligt, und wofür ist diese Fähigkeit ein guter Prädiktor? [S. 418 ff.]

6. Soziale Kompetenz ist _____. Ein Beispiel für eine konkrete Fähigkeit aus diesem Kompetenzbereich ist _____. Diese beginnt sich etwa im Alter von _____ auszubilden. [S. 420 f.]

7. Das sogenannte Still-Face-Paradigma förderte wegweisende und teilweise erstaunliche Erkenntnisse zutage. Beschreiben Sie den Versuchsaufbau und fassen Sie die wesentlichen Schlussfolgerungen zusammen. Recherchieren Sie weiter und finden Sie heraus, wohin diese Forschung später führte. Dafür müssen Sie die Seiten Ihres Lehrbuchs verlassen. [S. 422]

8. Was versteht man unter dem Begriff „Temperament" und warum nimmt man an, dass diesbezüglich bereits von Geburt interindividuelle Unterschiede bestehen? [S. 426 f.]

9. Nennen Sie drei verschiedene Herangehensweisen, um das Temperament zu messen, und erläutern Sie jeweils die Vor- und die Nachteile der Methoden. [S. 426 f.]

10. Was ist *Sozialisation* und für wen und/oder was ist sie von Bedeutung? Warum? [S. 422 ff.]

11. Thomas und Chess (1980) identifizierten drei Arten von Säuglingstemperament. Rothbart und Bates (2006) sprachen von fünf Dimensionen des kindlichen Temperaments. Bitte beziehen Sie diese beiden Einteilungen des Temperaments aufeinander. Geben Sie jeweils ein konkretes Bei-

spiel für eine Verhaltensweise, die zu den einzelnen Temperamentarten passt. Können Sie sich vorstellen, dass dasselbe Baby manchmal der einen und manchmal der anderen Kategorie zugeordnet werden könnte? Warum (nicht)? [S. 426 ff.]

10.2 Multiple Response

12. Emotionen [S. 405 f.]
    a. sind mit Gefühlen gleichzusetzen.
    b. bezeichnen die komplexe Kombination aus physiologischen und kognitiven Reaktionen.
    c. bestehen aus mehreren Komponenten, darunter neuronale Aktivität, physiologische Reaktionen, subjektive Gefühle/Empfindungen, Ausdrucksformen und Handlungsimpulse.
    d. sind empirisch nicht nachweisbar.
13. Der Theorie der diskreten Emotionen nach [S. 406 f.]
    a. ist das Erleben von Basisemotionen angeboren und universell.
    b. ist evolutionärer Druck für die Entwicklung von Basisemotionen verantwortlich.
    c. sind psychosexuelle Krisen der Grund für die Entwicklung von Basisemotionen.
    d. sind individuelle Lernerfahrungen der Grund für die menschlichen Emotionen.
14. Zu den Basisemotionen zählen [S. 407 ff.]
    a. Angst.
    b. Überraschung.
    c. Stolz.
    d. Scham.
    e. Ekel.
    f. Freude.
    g. Traurigkeit.
    h. Verlegenheit.
    i. Wut.
    j. Lust.
15. Welche der folgenden Emotionen gehören *nicht* zu den sogenannten selbstbezogenen Emotionen? [S. 412 f.]
    a. Scham
    b. Wut
    c. Stolz
    d. Angst
    e. Eifersucht
    f. Ekel
    g. Freude
    h. Verlegenheit

16. Soziales Referenzieren ist [S. 414 f.]
   a. das Ausmaß, in dem das Temperament eines Individuums mit den Anforderungen und Erwartungen seiner sozialen Umwelt übereinstimmt.
   b. eine wichtige Voraussetzung für die Entwicklung der emotionalen Selbstregulierung.
   c. die Verwendung mimischer oder stimmlicher Hinweise der erwachsenen Bezugspersonen, um zu entscheiden, wie mit unbekannten Objekten, Personen oder Situationen umzugehen ist.
   d. eine auf dem Temperament beruhende Verhaltenstendenz zu prosozialem Handeln.

17. Die Fähigkeit zur emotionale Selbstregulierung [S. 418 ff.]
   a. setzt sich aus einer Reihe von komplexen Prozessen zusammen, deren Interaktionen und Ausdrucksformen nach und nach entwickelt und verfeinert werden.
   b. entwickelt sich im Säuglings- und Kleinkindalter häufig als co-regulativer Prozess: Bezugspersonen helfen dem Kind, seine Emotionen zu regulieren.
   c. kann sich beispielsweise als Daumenlutschen äußern.
   d. entwickelt sich unabhängig von kognitiven und körperlichen Reifungsprozessen.
   e. ist vor dem siebten Lebensjahr vollständig ausgebildet.
   f. und die soziale Kompetenz von Kindern entwickeln sich unabhängig voneinander.

18. Temperament [S. 426 ff.]
   a. bezeichnet angeborene, individuelle Unterschiede in Bezug auf Emotionen, Aktivitätsniveau und Aufmerksamkeit.
   b. bezeichnet Unterschiede zwischen Kulturen und Generationen in Bezug auf den emotionalen Ausdruck.
   c. lässt sich empirisch nicht erfassen.
   d. ist ein über die Zeit und verschiedene Kontexte relativ konsistent gezeigtes Verhaltensmuster.
   e. wird durch genetische Faktoren, Umweltfaktoren und deren Wechselwirkung beeinflusst.

19. Nach Thomas und Chess zeichnet sich ein schwieriges Baby dadurch aus, dass es [S. 427]
   a. neue Erfahrungen bewusst sucht.
   b. aktiv Alltagsroutinen mitgestaltet.
   c. sich langsam auf neue Erfahrungen einstellt.
   d. häufig negativ und intensiv auf neue Reize reagiert.

20. Toxischer Stress [S. 431 ff.]
   a. bezeichnet die Erfahrung, chronischen, überwältigenden Belastungen während der Kindheit und der Jugend ausgesetzt zu sein, ohne angemessene Unterstützung durch erwachsene Bezugspersonen.

b. kann die psychische und körperliche Gesundheit nachhaltig beeinträchtigen.

c. wirkt sich kumulativ aus, d. h., je mehr und intensivere Stressbelastungen auftreten, desto höher sind die Risiken und die Wahrscheinlichkeit, nachhaltige Beeinträchtigungen zu entwickeln.

d. bezeichnet jede belastende oder stressige Erfahrung, der Kinder ausgesetzt sind.

21. Psychische Erkrankungen bei Kindern und Jugendlichen [S. 433 ff.]

a. entstehen immer als Ergebnis der Interaktion zwischen genetischer Veranlagung und häuslicher Umgebung.

b. werden bei Mädchen häufiger diagnostiziert als bei Jungen.

c. werden zwar häufig bereits in der Kindheit diagnostiziert, können und sollen jedoch erst im Erwachsenenalter therapiert werden.

d. belasten die Kinder und ihre Familien.

e. können sich als internalisierende oder als externalisierende Störungen manifestieren.

10.3 Richtig oder falsch?

22. Charles Darwin war einer der ersten Forscher, der eine Theorie der emotionalen Entwicklung formulierte. [S. 406]
    — richtig
    — falsch

23. Der funktionalistische Ansatz der Emotionstheorie geht davon aus, dass die Basisemotionen angeboren und universell sind. [S. 406 f.]
    — richtig
    — falsch

24. Wut und Traurigkeit sind Basisemotionen, die bereits im Kleinkindalter ausschließlich klar getrennt voneinander zum Ausdruck gebracht werden. [S. 411]
    — richtig
    — falsch

25. Emotionale Intelligenz ist ein angeborenes psychologisches Konstrukt, dass sich empirisch nicht erfassen lässt und daher auch nicht gezielt trainiert werden kann. [S. 416]
    — richtig
    — falsch

26. Ausdrucksregeln sind universell, da sie kultur- und erfahrungsunabhängig sind. [S. 417 f.]
    — richtig
    — falsch

27. Bereits Kleinkinder haben ein Grundverständnis für vorgetäuschte vs. echte Emotionen, auch wenn sie selbst noch nicht zuverlässig in der Lage sind, gezielt emotionale Ausdrücke vorzuspielen. [S. 417]
    – richtig
    – falsch

28. Die meisten Säuglinge zeigen schon wenige Stunden nach der Geburt soziales, an Menschen gerichtetes Lächeln. [S. 409 f.]
    – richtig
    – falsch

29. Trennungsangst (Fremdeln) ist eine auf westliche Kulturen beschränkte emotionale Reaktion. Sie tritt insbesondere bei Erstgeborenen und Einzelkindern auf. [S. 410 f.]
    – richtig
    – falsch

30. Intensität und Häufigkeit des Erlebens selbstbezogener Emotionen im Kleinkindalter sind universell und damit kulturunabhängig. [S. 412 f.]
    – richtig
    – falsch

31. Ablenkung ist keine effektive Strategie zur emotionalen Selbstregulation. [S. 419 f.]
    – richtig
    – falsch

32. Erkennen und Benennen der sechs Grundemotionen gelingt im zweiten Lebensjahr etwa gleichzeitig und gleich gut. [S. 415]
    – richtig
    – falsch

33. Ob und welche Emotionen in welchem Umfang in der Familie zum Ausdruck gebracht werden, beeinflusst weder die Emotionalität von Vorschulkindern noch das Metawissen über Emotionen. [S. 424 ff.]
    – richtig
    – falsch

34. Bereits Kleinkinder unter zwei Jahren können von Gesprächen über emotionale Zustände lernen und in Bezug auf ihre eigene sozial-emotionale Entwicklung davon profitieren. [S. 425 f.]
    – richtig
    – falsch

35. Schwieriges kindliches Temperament, kombiniert mit ungünstiger (z. B. strafender oder vernachlässigender) Erziehung erhöht die Wahrscheinlichkeit für Anpassungsschwierigkeiten im Kindes- und Jugendalter. [S. 424 ff.]
    – richtig
    – falsch

10

36. Laborstudien eignen sich nicht dazu, Temperament zu messen. [S. 426 ff.]
    — richtig
    — falsch

37. Die Beziehung zwischen kindlichem Temperament und elterlicher Erziehung ist unidirektional, d. h., das Kind wirkt auf das Verhalten seiner Eltern ein, aber nicht umgekehrt. [S. 426 ff.]
    — richtig
    — falsch

38. Aus ängstlichen Kindern werden tendenziell häufiger ängstliche und vorsichtige Jugendliche und Erwachsene. [S. 429 f.]
    — richtig
    — falsch

39. Das DSM (Diagnostische Statistische Manual Psychischer Störungen) definiert psychische Störungen ausschließlich für Erwachsene ab 21 Jahren. [S. 433 f.]
    — richtig
    — falsch

40. Kompetente Eltern können aus jedem Kind ein gut angepasstes, gesundes und zufriedenes Kind machen. [S. 425 f.]
    — richtig
    — falsch

Lerntipp: Eigene Fragen zum Lernstoff zu formulieren, kann Ihnen dabei helfen, diesen zu strukturieren und zu begreifen.

Zur Vertiefung

- **Vertiefende Originalliteratur**
— Rothbart, M. K., & Bates, J. E. (2006). Temperament. In N. Eisenberg (Ed.), *Handbook of child psychology: Vol. 3 Social, emotional, and personality development* (6th ed., pp. 99–166). Hoboken: Wiley.
— Thomas, A., & Chess, S. (1980). *Temperament und Entwicklung. Über die Entstehung des Individuellen [Originaltitel: Temperament and development]*. Stuttgart: Enke.

- **Weiterführende Informationen**
— Freund, J.-D., Linberg, A., & Weinert, S. (2017). Einfluss eines schwierigen frühkindlichen Temperaments auf die Qualität der Mutter-Kind-Interaktion unter psychosozialen Risikolagen. *Zeitschrift für Entwicklungspsychologie und Pädagogische Psychologie, 49*, 197–209.

- Ein bewegender Artikel zum Still-Face-Experiment: ▶ https://www.washingtonpost.com/blogs/she-the-people/wp/2013/09/16/affects-of-child-abuse-can-last-a-lifetime-watch-the-still-face-experiment-to-see-why/. Zugegriffen: 16. Januar 2023.
- Und mehr zu den Effekten von Gewalt auf die kindliche Entwicklung sowie im Blog-Format zu anderen Themen der kindlichen Entwicklung finden Sie hier: ▶ https://www.developmentalscience.com/. Zugegriffen am 16. Januar 2023.

10

Bindung und die Entwicklung des Selbst

Inhaltsverzeichnis

11.1 Offene Fragen – 86

11.2 Multiple Response – 87

11.3 Richtig oder falsch? – 90

Zur Vertiefung – 92

© Springer-Verlag GmbH Deutschland, ein Teil von Springer Nature 2023
M. Stolarova, S. Pauen, *Prüfungstrainer zur Entwicklungspsychologie im Kindes- und Jugendalter*,
https://doi.org/10.1007/978-3-662-64720-2_11

11.1   Offene Fragen

Lerntipp: Sie finden online viele Videos, die die Originalexperimente der Bindungstheoretiker dokumentieren. Nehmen Sie sich die Zeit, das Gelesene nachzurecherchieren und zu vertiefen, informieren Sie sich aus erster Hand über die Menschen hinter den Entwicklungstheorien und schauen Sie sich die Videodokumentationen über ihre Forschung an: Sie werden nicht nur mehr lernen, sondern vor allem zu Lernendes besser verstehen, schneller behalten und verlässlicher Zusammenhänge erkennen.

Der Fremde-Situation-Test, die Bindungstypen und das Selbst

11

1. Die sogenannten Affenstudien von Harry Harlow (1958) waren auch für die Entwicklungspsychologie wegweisend. Warum? Mit welchen Methoden wurden welche Hauptergebnisse erzielt? [S. 449 f.]
2. Schildern Sie Bowlbys Bindungstheorie in Grundzügen. Welche Voraussetzungen müssen demnach erfüllt sein, damit sich ein Kind gesund entwickeln kann? [S. 450 f.]
3. Bindungstheoretiker behaupten u. a., dass die frühen Beziehungserfahrungen auch ausschlaggebend für die menschliche Beziehungsfähigkeit im Erwachsenenalter seien. Wie begründen sie das? [S. 451 ff.]
4. Der *Fremde-Situation-Test* ist eine der bekanntesten Untersuchungsparadigmen der Entwicklungspsychologie. Auf der Grundlage ähnlicher Verfahren werden auch heute noch weitreichende Schlussfolgerungen z. B. in Bezug auf frühkindliche außerfamiliäre Betreuung gezogen. Beschreiben Sie die sieben Schritte dieses Verfahrens. Können Sie einen Aspekt identifizieren, der für die angemessene Beurteilung des kindlichen Verhaltens wichtig wäre, aber von Mary Ainsworth übersehen wurde? Welchen und warum? [S. 451 ff.]
5. Wie wird in Bindungstheorien *Einfühlungsvermögen* definiert? Wofür ist das elterliche Einfühlungsvermögen demnach entscheidend? Beschreiben Sie eine Beispielsituation in der eine erwachsene Bezugsperson entweder sehr einfühlsam oder wenig einfühlsam reagiert hat. [S. 456 ff.]
6. In dem Lehrbuch wird die Tatsache, dass sich schon Säuglinge zwischen zwei und vier Monaten offensichtlich daran erfreuen, ein Mobile selbst in Bewegung zu setzen und generell etwas selbst zu verursachen, als ein Beleg für die rudimentäre Vorstellung des Säuglings von sich selbst interpretiert. Warum? Welche Alternativerklärungen für das beschriebene Phänomen können Sie finden? [S. 461 ff.]
7. Der vielleicht am weitesten verbreitete „Test" für die Fähigkeit von Menschenkindern (und Affenbabys), sich selbst im Spiegel zu erkennen, ist der sogenannte Punkt-im-Gesicht-Test oder Rouge-Test. Beschreiben Sie dieses Verfahren kurz. In welchem Alter sind die meisten Kinder in der Lage, sich selbst im Spiegel zu erkennen? Können Affen das auch? [S. 462 f.]
8. In Ihrem Buch wird das Selbst in die Komponenten Selbstkonzept, Selbstwertgefühl und Identität unterteilt. Beschreiben Sie kurz jede der drei Komponenten und formulieren Sie jeweils konkrete Beispiele. Finden Sie, dass die Komponenten eindeutig voneinander abzugrenzen sind? Warum (nicht)? [S. 461 ff.]

9. Nennen Sie drei Dimensionen der Identität von jungen Erwachsenen und geben Sie jeweils ein konkretes Beispiel für Verhaltensweisen, die damit einhergehen könnten. [S. 472 ff.]

10. Beschreiben Sie Ihre eigene ethnische Identität. Reflektieren Sie darüber, welche Komponenten davon Sie in der Familie, in der Freizeit und in Bildungsinstitutionen erworben haben. [S. 472 ff.]

11. Nach wie vor weisen nicht heterosexuelle Jugendliche deutlich höhere Suizidraten auf, selbst in relativ aufgeklärten, egalitären, westlichen Demokratien. Warum? Entwerfen Sie eine Intervention für Schüler/-innen der Klassen 7–9, mit der Sie diesem Problem begegnen können. [S. 477 ff.]

11.2 Multiple Response

12. Bindungen [S. 448 f.]
    a. sind enge und länger andauernde emotionale Beziehungen zu anderen Menschen.
    b. treten ausschließlich im Säuglings- und Kleinkindalter auf.
    c. haben bei Menschen und anderen Säugetieren angeborene, biologische Grundlagen.
    d. können gleichermaßen zwischen verwandten und nicht verwandten Personen entstehen.
    e. sind enge und dauerhafte emotionale Beziehungen ausschließlich zwischen Müttern und ihren biologischen Säuglingen, weil das Stillen eine notwendige Voraussetzung für die Entstehung von Bindungen ist.

13. Welche der folgenden Theoretiker/-innen beschäftigten sich mit dem Bindungskonzept und mit Bindungsvoraussetzungen? [S. 449 ff.]
    a. John B. Watson
    b. René Spitz
    c. Maria Montessori
    d. Mary Ainsworth
    e. Burrhus F. Skinner
    f. John Bowlby
    g. Iwan P. Pawlow
    h. Jean Piaget
    i. Harry Harlow

Lerntipp: Mit anderen Personen über Fragen und Antworten zu sprechen, sich wechselseitig Teilbereiche zu erklären, kann Ihnen dabei helfen, komplexe und umfangreiche Zusammenhänge zu verstehen und sich diese besser zu merken.

14. Harry Harlow [S. 449 f.]
    a. ging davon aus, dass sich Affenbabys gesund entwickeln würden, wenn sie mit ausreichend Nahrung versorgt und frei von Gefahren aufwachsen würden.
    b. konnte zeigen, dass das Fehlen von verlässlichen Bezugspersonen in der frühen Kindheit zu nach-

haltigen Entwicklungs- und Verhaltensauffälligkeiten bei Rhesusaffen führte.

   c. hielt sich schon in den 1950er-Jahren akribisch an die ethischen Richtlinien für die Tierforschung, die erst Jahrzehnte später verpflichtend wurden.

   d. war derjenige Wissenschaftler, der einen ersten Bezugsrahmen für den später entwickelten „Fremde-Situation-Test" entwickelte.

   e. ist der „Vater" der Affenersatzmütter aus Draht und Stoff.

15. Der Begriff „sichere Basis" [S. 449 f.]

   a. wurde zunächst von Harry Harlow, auf der Grundlage seiner empirischen Studien mit Rhesusaffen formuliert.

   b. beschreibt ein zentrales Konzept aller Bindungstheorien.

   c. definiert einen inneren Zustand, der sich zu einem Charaktermerkmal entwickeln kann.

   d. beschreibt eine bindungstheoretische Grundvoraussetzung für Exploration und Lernen.

16. Mary Ainsworth ging davon aus, dass folgende Aspekte konkrete Einblicke in die Bindungsqualität des Säuglings und des Kleinkindes erlauben: [S. 451 ff.]

   a. Häufigkeit und Dauer des Schreiens, wenn das Kind verängstigt wurde

   b. Das Ausmaß der kindlichen Fähigkeit, seine engste Bezugsperson als sichere Basis zu nutzen

   c. Die Fähigkeit des Kindes, sich und seine Emotionen in Abwesenheit einer engen Bezugsperson selbst zu regulieren

   d. Die Reaktion des Kindes auf eine kurze Trennung von seiner Bezugsperson und auf das erneute Zusammentreffen mit ihr

   e. Die Häufigkeitsrelation des sozialen Lächelns, das an den Vater im Vergleich zur Mutter gerichtet wird

   f. Die kindliche Fähigkeit zum Belohnungsaufschub etwa um den ersten Geburtstag herum

17. Ainsworths Fremde-Situation-Test [S. 451 ff.]

   a. ist ein standardisiertes Beobachtungsverfahren, das dazu dient, das Bindungsverhalten von Kleinkindern zu erfassen.

   b. baut auf Harlows „fremde Situation" auf, mit der er das Explorationsverhalten von Rhesusaffen untersuchen wollte.

   c. sollte die empirische Untermauerung von Bowlbys Bindungstheorie ermöglichen.

11

d. ermöglicht die Erfassung kindlicher Charaktereigenschaften.

e. charakterisiert die Beziehung eines Kindes zu einer konkreten Bezugsperson.

f. erfasst Beziehungsmuster kategorial und nicht dimensional.

18. Welche der folgenden Begriffe bezeichnen Bindungskategorien? [S. 451 ff.]

a. Sichere Bindung

b. Orientierte Bindung

c. Unsicher-ambivalente Bindung

d. Unsicher-vermeidende Bindung

e. Sicher-bestätigende Bindung

f. Desorganisiert-desorientierte Bindung

g. Desolate Bindung

19. Das Selbstkonzept [S. 461 ff.]

a. und die Identität überlappen vollständig bis zum Alter von etwa sechs Jahren.

b. ist ein Konzeptsystem, das aus Gedanken und Einstellungen über sich selbst besteht.

c. beinhaltet die Gefühle, die Empfindungen und die Einschätzungen über sich selbst.

d. entwickelt und verändert sich ein Leben lang.

e. ist im Vorschulalter durch Selbstüberschätzung und unrealistische Positivität gekennzeichnet.

20. Eine Form des Egozentrismus von Jugendlichen heißt [S. 466]

a. individuelle Erzählung.

b. persönliche Fabel.

c. einzigartige Saga.

d. egozentrischer Mythos.

e. Ich-Narrativ.

f. Ego-Story.

21. Das Selbstwertgefühl [S. 468 ff.]

a. umfasst die Bewertungen des eigenen Selbst und die Gefühle, die damit verbunden sind.

b. ist ein System aus Gedanken und Einstellungen über sich selbst.

c. ist ein altersunabhängiges, stabiles Persönlichkeitsmerkmal.

d. ist gekennzeichnet durch stabile Geschlechterunterschiede, die lebenslang zu beobachten sind.

e. variiert in Abhängigkeit vom kulturellen Kontext des Aufwachsens.

> Sie finden die Begriffsvielfalt verwirrend? Manchmal hilft es, die Originaltexte in englischer Sprache anzuschauen und zu ergründen, welche Entsprechung Selbstwert(-gefühl), Selbstkonzept, das Bild vom Selbst etc. haben.

22. Welche Faktoren können das Selbstwertgefühl von Kindern und Jugendlichen beeinflussen? [S. 468 ff.].
    a. Genetische Veranlagung
    b. Unterstützung und Anerkennung der Eltern und Altersgenossen
    c. Körperliche Attraktivität
    d. Schulische Leistungsfähigkeit
    e. Nachbarschaftliches und schulisches Umfeld

11.3   Richtig oder falsch?

23. Studien mit verlassenen und verwaisten Kindern vermittelten erste Anhaltspunkte zur Bedeutung emotionaler Bindungen mit verlässlichen Bezugspersonen für das psychische und das physische Wohlergehen von Babys und Kleinkindern. [S. 448]
    ▬ richtig
    ▬ falsch

24. Den Bindungstheoretikern verdanken wir die Erkenntnis, dass es nicht ausreicht, die physiologischen Bedürfnisse von Säuglingen und Kleinkindern zu erfüllen, damit sie gesund und zufrieden aufwachsen können. [S. 449 ff.]
    ▬ richtig
    ▬ falsch

25. Harlows Studien mit Rhesusaffen bildeten eine wesentliche Grundlage für die Bindungstheorie von Bowlby und Ainsworth. [S. 449 f.]
    ▬ richtig
    ▬ falsch

26. Den Begriff „sichere Basis" nutzte zunächst Harlow, Bowlby übernahm ihn und entwickelte das dahinterliegende Konzept weiter. [S. 449 ff.]
    ▬ richtig
    ▬ falsch

27. Bindungstheoretiker gehen davon aus, dass die frühkindliche Bindungserfahrung einen Einfluss auf den Erziehungsstil ausübt, den Erwachsene gegenüber ihren eigenen Kindern zeigen. [S. 456 ff.]
    ▬ richtig
    ▬ falsch

28. Elterliches Einfühlungsvermögen kann durch Interventionen *nicht* gesteigert werden. [S. 457 f.]
    ▬ richtig
    ▬ falsch

29. Gute, d. h. kompetente und sensibel responsive Eltern haben immer sicher gebundene Kinder. [S. 456 ff.]
    ▬ richtig
    ▬ falsch

30. *Imaginäres Publikum* bezeichnet eine Form des Egozentrismus von Jugendlichen, die den Glauben an die Einzigartigkeit der eigenen Gefühle und Gedanken beinhaltet. [S. 467]
    ▬ richtig
    ▬ falsch

31. Ein hohes Selbstwertgefühl ist grundsätzlich positiv für die kindliche Entwicklung. [S. 468]
    ▬ richtig
    ▬ falsch

32. Jugendliche entwickeln spätestens im Alter von 14 Jahren ein kohärentes, konsistentes und stabiles Selbstkonzept. [S. 466 ff.]
    ▬ richtig
    ▬ falsch

33. Das Selbstwertgefühl von Kindern und Jugendlichen entwickelt sich weitgehend unabhängig von den Erfahrungen, die sie in ihrem sozialen Umfeld machen. [S. 468 ff.]
    ▬ richtig
    ▬ falsch

34. Die Kriterien, anhand derer Kinder und Jugendliche sich selbst bewerten, sind über Kulturen hinweg gleich. [S. 471 f.]
    ▬ richtig
    ▬ falsch

35. Akkulturation bezeichnet den Prozess der Anpassung an eine neue Kultur unter Beibehaltung von Elementen aus der Herkunftskultur. [S. 476]
    ▬ richtig
    ▬ falsch

36. Die ethnische Identität wird dann, wenn die Eltern unterschiedliche Herkunftsidentitäten haben, primär durch die Mutter bestimmt. [S. 475 ff.]
    ▬ richtig
    ▬ falsch

37. Die sexuelle Orientierung von Jugendlichen ist ein Teil ihrer sexuellen Identität. [S. 477 ff.]
    ▬ richtig
    ▬ falsch

38. Bei der sexuellen Orientierung handelt es sich um gelerntes, also erworbenes Verhalten, das sich bei Mädchen ab dem 13. und bei Jungen ab dem 15. Lebensjahr manifestiert. [S. 477 ff.]
    ▬ richtig
    ▬ falsch

Die Richtung der Fragen im Richtig-falsch-Format kann leicht ins Gegenteil gedreht werden, versuchen Sie das doch einmal selbst. Auch deswegen ist es sehr wichtig, Fragen in Prüfungen genau zu lesen und zu verstehen und diese nicht zu überfliegen und sich auf das „Wiedererkennen" zu verlassen.

39. Jugendliche mit nicht heterosexueller geschlechtlicher Orientierung weisen in westlichen Demokratien ein deutlich höheres Suizidrisiko auf, als ihre heterosexuellen Peers. [S. 477 ff.]
- richtig
- falsch

40. Die Begriffe „sexuelle Identität" und „geschlechtliche Identität" beschreiben dasselbe Entwicklungskonstrukt. [S. 477 ff.]
- richtig
- falsch

41. Es gibt ausreichend empirische Belege für die Behauptung, dass die sexuelle Orientierung von Jugendlichen im Wesentlichen von ihnen bekannten Rollenmodellen bestimmt wird. [S. 477 ff.]
- richtig
- falsch

Zur Vertiefung

- **Weiterführender Beitrag (über den Link verfügbar)**
- Suess, J. G. (2011). *Missverständnisse über Bindungstheorie.* WiFF Expertise Nr. 14. München: Weiterbildungsinitiative Frühpädagogische Fachkräfte. ▶ https://www.weiterbildungsinitiative.de/publikationen/detail/missverstaendnisse-ueber-bindungstheorie. Zugegriffen: 16. Januar 2023.

- **Video zur Bindungstheorie (über entsprechende Videoportale verfügbar)**
- Mary Ainsworth, „The Strange Situation", z. B. hier: ▶ https://www.youtube.com/watch?v=QTsewNrHUHU oder hier: ▶ https://www.youtube.com/watch?v=JqlbvpXp74k. Zugegriffen: 16. Januar 2023.

- **Vertiefende Originalliteratur**
Harry Harlow und die Affenbabys:
- Harlow, H., & Zimmermann, R. (1959). Affectional Responses in the Infant Monkey. *Science, 130*(3373), 421–432. ▶ http://www.jstor.org/stable/1758036. Zugegriffen: 16. Januar 2023.
- Harlow, H. (1958) The Nature of Love. American Psychologist, 13, 673–685. In Volltext hier nachzulesen: ▶ http://psychclassics.yorku.ca/Harlow/love.htm. Zugegriffen: 16. Januar 2023.

11

- Seay, B., & Harlow, H. F. (1965). Maternal separation in the rhesus monkey. *Journal of Nervous and Mental Disease, 140*(6), 434–441. ► https://doi.org/10.1097/00005053-196506000-00006
- Gluck, J. P., Harlow, H. F., & Schiltz, K. A. (1973). Differential effect of early enrichment and deprivation on learning in the rhesus monkey (Macaca mulatta). *Journal of Comparative and Physiological Psychology, 84*(3), 598–604. ► https://doi.org/10.1037/h0034880

- **Weiterführende Internetseiten zu den Folgen von Kindesvernachlässigung:**
- Center on the Developing Child (2013). InBrief: The Science of Neglect. ► https://developingchild.harvard.edu/resources/inbrief-the-science-of-neglect/. Zugegriffen: 16. Januar 2023. [Aufgabe 11.23]
- The Bucharest Early Intervention Project (2017). ► https://www.bucharestearlyinterventionproject.org/. Zugegriffen: 16. Januar 2023.

Die Familie

Inhaltsverzeichnis

12.1   Offene Fragen – 96

12.2   Multiple Response – 97

12.3   Richtig oder falsch? – 101

Zur Vertiefung – 103

© Springer-Verlag GmbH Deutschland, ein Teil von Springer Nature 2023
M. Stolarova, S. Pauen, *Prüfungstrainer zur Entwicklungspsychologie im Kindes- und Jugendalter*,
https://doi.org/10.1007/978-3-662-64720-2_12

12.1 Offene Fragen

Die Definition von Familie ist abhängig vom kulturellen und historischen Kontext. Solche Behauptungen mit konkreten, eigenen Beispielen zu unterlegen, hilft Ihnen dabei, diese zu verstehen und einzuordnen.

1. Definieren Sie den Begriff „Familie" im Sinne der Entwicklungspsychologie. Beschreiben Sie die drei Funktionen von Familie nach LeVine (1988) und geben Sie für jede von ihnen ein konkretes Beispiel. Unterscheidet sich diese Definition von Ihrer persönlichen Familiendefinition? [S. 490 ff.]

2. Nehmen Sie sich Zeit für etwas Selbstreflexion: Welche Familienstruktur weist Ihre Herkunftsfamilie auf? Welche Veränderungen und Umbrüche haben Sie bereits erlebt? In welcher Form werden Sie als (junge) Erwachsene von der Struktur Ihrer Herkunftsfamilie beeinflusst? Gibt es Aspekte, die Sie in Ihrer eigenen (zukünftigen) Familie unbedingt anders gestalten wollen als Ihre Eltern? Fokussieren Sie hier bitte zunächst strukturelle, nicht prozessuale Aspekte.

3. Die Begriffe „Erziehung", „Sozialisation" und „Bildung" sorgen im Deutschen manchmal für Verwirrung, auch weil es nicht so einfach ist, eine englischsprachige Entsprechung für Erziehung zu finden. Definieren Sie die drei Begriffe und erklären Sie die Beziehung, in der diese zueinander stehen. Suchen Sie gezielt die englischen Entsprechungen für Kinder im Alter zwischen zwei und vier Jahren heraus. [S. 498 ff.]

4. Erziehungsstile werden seit einigen Jahrzehnten anhand zweier unabhängiger Grunddimensionen beschrieben. Nennen Sie diese und erklären Sie, wie sich daraus die vier Erziehungsstile nach Baumrind (1973) ableiten lassen. Benennen Sie die vier Erziehungsstile und illustrieren Sie diese jeweils mit einem Beispiel für erzieherisches Verhalten. [S. 500 ff.]

5. Was versteht man unter Bidirektionalität der Eltern-Kind-Interaktionen? Nehmen diese Wechselwirkungen mit zunehmendem Alter des Kindes eher zu oder eher ab? Warum? Illustrieren Sie Ihre Erläuterungen anhand eines Beispiels. [S. 504]

6. Erläutern Sie die Einflüsse von elterlichem Einkommen und elterlicher Bildung auf die Qualität der Interaktion zwischen Eltern und ihren Kindern. [S. 511 ff.]

7. Welche Argumente gegen die Obdachlosigkeit von Kindern und Jugendlichen lassen sich aus der Ihnen bekannten entwicklungspsychologischen Forschung ableiten? [S. 512 ff.]

12

8. Artikel 6 des deutschen Grundgesetzes stellt die Ehe und die Familie „unter den Schutz der staatlichen Ordnung". Welche Gründe könnten Ihrer Meinung nach dafür gesprochen haben? Welche Schwierigkeiten ergeben sich aus dem Umstand, dass der Gesetzgeber zwar Verwandtschaft (im Sinne von biologischer Abstammung und Adoption) klar definiert, nicht aber Familie?

9. Welchem Grundtypus würden Sie die Erziehungsstile Ihrer eigenen Eltern zuordnen? Warum? Gab es im Verlauf Ihrer Entwicklungen Ihrer Meinung nach Veränderungen im Erziehungsstil Ihrer Eltern? [S. 500 ff.]

10. Eine Freundin von Ihnen hat ihr erstes Kind während ihres Studiums zur Welt gebracht und fragt Sie nun nach Ihrer Meinung als (angehende/r) Psychologin/Psychologe bezüglich des geeigneten Zeitpunktes, das Kind für die Hälfte des Tages in außerfamiliäre Betreuung zu geben, um ihr Studium fortzusetzen. Außerdem möchte sie wissen, ob eine Tagesmutter oder eine Krippe für das Kind besser wäre. Was raten Sie ihr? Begründen Sie Ihre Antwort. [S. 516 f.]

11. Sie haben die Möglichkeit, an der Entwicklung der Konzeption einer Betreuungsgruppe für Kinder unter drei Jahren mitzuwirken. Was tun Sie, um eine möglichst hohe Betreuungsqualität zu gewährleisten? Warum? [S. 516 ff.]

12.2 Multiple Response

12. Nach dem Zweiten Weltkrieg veränderten sich Familienstrukturen in westlichen Industrieländern deutlich. Welche der folgenden Aspekte veränderten sich *nicht*? [S. 491 ff.]
    a. Durchschnittliches Heiratsalter
    b. Durchschnittliches Gebäralter
    c. Das Zahlenverhältnis zwischen neugeborenen Jungen und Mädchen
    d. Häufigkeit der mütterlichen Berufstätigkeit
    e. Scheidungshäufigkeit
    f. Geburtenrate lediger Mütter
    g. Durchschnittliches Alter der ersten Vaterschaft
    h. Die Anzahl anerkannter gleichgeschlechtlicher Paare mit Kindern
    i. Der Anteil alleinerziehender Eltern
    j. Die durchschnittliche Anzahl leiblicher Geschwister

Wer gehört zu Ihrer Familie? Haben Sie Blutsverwandte ersten Grades, die Sie nicht zu Ihrer Familie zählen würden? Gibt es Menschen, mit denen Sie nicht verwandt sind, auch nicht durch Heirat oder Adoption, und die Sie dennoch zu Ihrem Familienkreis zählen würden?

k. Der Anteil von Kindern, die eine Trennung und/oder Scheidung ihrer Eltern vor der Adoleszenz erleben

l. Die Häufigkeit von Wiederverheiratungen und sogenannten Patchwork-Familien

13. Welche der folgenden Formen des Zusammenlebens können als Familie im Sinne der Psychologie (nicht ausschließlich im Sinne Ihres Lehrbuchs) gesehen werden? [S. 491 ff.]
    a. Ein verheiratetes, heterosexuelles Paar mit Kind(ern)
    b. Ein verheiratetes, heterosexuelles Paar ohne Kinder
    c. Ein gleichgeschlechtliches Paar mit Kind(ern)
    d. Ein kinderloses, „verpartnertes", gleichgeschlechtliches Paar
    e. Eine alleinstehende Frau und ihr Kind
    f. Vater, Sohn und Großvater, unabhängig davon, ob sie in einem Haushalt leben oder nicht
    g. Die Großeltern, ihre erwachsenen Kinder mit Partnern und ggf. Enkelkinder

14. Kinder gleichgeschlechtlicher Eltern [S. 495]
    a. werden in der Adoleszenz mit höherer Wahrscheinlichkeit homosexuell als Kinder heterosexueller Paare.
    b. unterscheiden sich in ihrer Entwicklung statistisch nicht von Kindern mit gemischtgeschlechtlichen Eltern.
    c. weisen durchschnittlich bessere schulische Leistungen bei vergleichbarer Intelligenz als Kinder mit gemischtgeschlechtlichen Eltern auf.
    d. entwickeln grundsätzlich stärkere Bindungsbeziehungen zu Menschen mit dem Geschlecht ihrer Eltern als zu gegengeschlechtliche Bezugspersonen.

15. Welche Erziehungsstile unterscheidet Diana Baumrind (1973) anhand der Dimensionen „Unterstützung/Wärme" und „Kontrolle/Anforderung"? [S. 500 ff.]
    a. Egalitärer Erziehungsstil
    b. Autoritativer Erziehungsstil
    c. Autoritärer Erziehungsstil
    d. Negierender Erziehungsstil
    e. Positiver Erziehungsstil
    f. Permissiver Erziehungsstil
    g. Unbeteiligter Erziehungsstil

16. Elterliche Erziehungsmethoden [S. 498 ff.]
    a. sind grundsätzlich kulturunabhängig und im Umgang mit unterschiedlichen Individuen in ähnlichem Maße wirksam.
    b. beinhalten keine körperlichen Strafen.
    c. wirken auf alle Geschwister innerhalb einer Familie ähnlich.

d. umfassen alle Strategien und Verhaltensweisen, die Eltern nutzen, um ihren Kindern kulturell angemessenes und altersentsprechendes Verhalten beizubringen.

e. werden vom Verhalten und Temperament der Kinder mit beeinflusst.

17. Geschwisterbeziehungen [S. 505 f.]

a. beeinflussen die Familiendynamik und werden davon beeinflusst.

b. werden kausal durch die Beziehung der Eltern untereinander bestimmt.

c. sind im Entwicklungsverlauf dynamisch.

d. werden auch vom kulturellen Kontext geprägt.

e. sind unabhängig von Anzahl, Alter und Geschlecht der Geschwister.

18. Unter dem Begriff Kindesmisshandlung fallen folgende Formen der Gewalt [S. 506 ff.]:

a. Sexueller Missbrauch

b. Gewalt zwischen den Erwachsenen Familienmitglieder ohne, dass das Kind direkt angegriffen wird

c. Vernachlässigung

d. Körperliche Misshandlung

e. Emotionaler Missbrauch

f. Jede Form der Bestrafung

> Kindesmissbrauch und -misshandlung werden in unterschiedlichen Ländern unterschiedlich definiert und erfasst. Für Deutschland stellen die Bundesregierung und die Polizei hierzu aktuelle Informationen zur Verfügung.

19. Folgende Faktoren erhöhen statistisch die Wahrscheinlichkeit für Kindesmisshandlung innerhalb von Familien [506 ff.]

a. Armut und beengte Wohnverhältnisse

b. Anzahl der Geschwister

c. Soziale Isolation der Familie

d. Alter der Mutter

e. Mangelndes Wissen der Eltern über Bedürfnisse und altersentsprechende Fähigkeiten von Kindern (entwicklungspsychologisches Wissen)

f. Gewalt in der Beziehung der Eltern

g. Misshandlung der Eltern als Kinder in den Herkunftsfamilien

h. Drogenabhängigkeit

i. Geschlecht des Kindes

20. Für die Folgen von Kindesmisshandlungen gilt Folgendes: [508 f.]

a. Sie werden im Säuglingsalter in der Regel nicht sichtbar.

b. Sie erhöhen die Wahrscheinlichkeit für Entwicklungsverzögerungen und Lernschwierigkeiten.

c. Sie sind unabhängig von der Art und der Dauer der Misshandlung.

d. Sie erhöhen die Wahrscheinlichkeit, im Erwachsenenalter an einer psychischen Erkrankung zu leiden.

e. Sie können die Wahrscheinlichkeit für Herz-Kreislauf-Erkrankungen im Erwachsenenalter erhöhen.

f. Sie verunmöglichen es Kindern, positive Beziehung zu Erwachsenen aufzubauen.

21. Erfolgreiche Prävention von Kindesmisshandlungen baut auf folgende Faktoren auf [509]

a. Verbesserung der Erziehungskompetenz der Eltern

b. Entlastung der Eltern, beispielsweise durch bedarfsgerechte und hochqualitative Angebote der frühkindlichen Bildung Betreuung und Erziehung, z. B. in Kindertagespflege- oder Kindertageseinrichtungen.

c. Armutsprävention

d. Förderung positiver Erziehungsansätzen

e. Ächtung von körperlichen Strafen

f. Stärkung des Kinderschutzes

22. Die frühe außerfamiliäre Bildung, Betreuung und Erziehung für Kinder unter drei Jahren [S. 516 ff.]

a. schadet der Mutter-Kind-Bindung.

b. hat Nachteile für die kognitive und sprachliche Entwicklung von Kindern, wenn sie diese vor dem zweiten Geburtstag in Anspruch nehmen.

c. kann für die kindliche Entwicklung von Vorteil sein, wenn sie von hoher pädagogischer Qualität ist.

d. fördert die motorische Entwicklung von Säuglingen vor dem ersten Geburtstag.

e. ermöglicht Eltern häufig den frühen Wiedereinstieg in die Berufstätigkeit.

f. ist, unabhängig vom Umfang der Betreuung, schädlich für die kindliche Entwicklung.

23. Welche der folgenden Faktoren können die Familiendynamik einer in Deutschland lebenden Kernfamilie (hier zwei Eltern und ihre beiden Kinder) beeinflussen? [S. 498 ff.]

a. Verfügbarkeit und Höhe des Kindergeldes

b. Verfügbarkeit, Qualität und Flexibilität von außerfamiliärer, vorschulischer Kinderbetreuung

c. Chronische Erkrankung eines Familienmitglieds

d. Temperament der Kinder

e. Sozialisation der Eltern

f. Alter der Kinder und/oder der Eltern

g. Anzahl der Kinder

h. Konflikte der Eltern

i. Familieneinkommen

j. Arbeitslosigkeit eines Elternteils

k. Diskriminierung der Familie aufgrund von Ethnie oder Religion

l. Schulschwierigkeiten eines Kindes

m. Konflikte der Geschwister

n. Soziales Netzwerk der Familie

12 Das System der frühkindlichen Bildung, Betreuung und Erziehung in Deutschland unterscheidet sich in Bezug auf rechtliche Rahmenbedingungen, Qualifizierungswege, Qualitätsstandards, Gebühren- und Vergütungsstruktur ganz erheblich von dem in den USA. Da diese Unterschiede in Ihrem Lehrbuch nicht detailliert besprochen werden, sollten Sie sie eigenständig erarbeiten. Links für eine Recherche finden Sie am Ende dieses Kapitels.

12.3 **Richtig oder falsch?**

24. Statistisch gesehen spielt das Alter der Eltern keine entscheidende Rolle in Bezug auf ihre Erziehungskompetenz. [S. 492 ff.]
    - richtig
    - falsch

25. Im Wesentlichen entwickeln sich Kinder gleichgeschlechtlicher Eltern ähnlich wie Kinder gemischtgeschlechtlicher Paare. [S. 495]
    - richtig
    - falsch

26. Die Wahrscheinlichkeit, dass sich Kinder gleichgeschlechtlicher Eltern im Erwachsenenalter als homosexuelle Männer oder Frauen erleben, ist höher als bei Kindern gemischtgeschlechtlicher Eltern. [S. 495]
    - richtig
    - falsch

27. Das Scheidungsrisiko von Erwachsenen, die als Kinder die Scheidung ihrer Eltern miterlebt haben, ist statistisch höher als das von Erwachsenen, deren Eltern sich nicht getrennt haben. [S. 495 f.]
    - richtig
    - falsch

28. Die Unterschiede bezüglich der sozialen Anpassungsfähigkeit zwischen Kindern geschiedener und nicht geschiedener Eltern sind, wenn man konfundierte Faktoren wie Verarmung, Gewalterfahrung und Konfliktbelastung kontrolliert, eher gering. [S. 495 f.]
    - richtig
    - falsch

29. Für die Entwicklung und die Anpassungsfähigkeit der Kinder in Trennungs- und Scheidungsfamilien ist es in jedem Fall von Vorteil, wenn der Vater den Kontakt zu den Kindern aufrechterhält. [S. 495 f.]
    - richtig
    - falsch

30. Eine Scheidung der Eltern stellt für die Kinder einer Familie eine dermaßen hohe Belastung dar, dass die Entwicklungspsychologie die Aufrechterhaltung der Ehe um jeden Preis empfiehlt. [S. 495 f.]
    - richtig
    - falsch

31. Familiendynamik ist die Art und Weise, in der die Familie als Ganzes funktioniert. [S. 498]
    - richtig
    - falsch

32. Sozialisation ist ein Bestandteil des Erziehungsprozesses. [S. 498]
    - richtig
    - falsch

33. Statistisch gesehen unterscheiden sich Mütter und Väter sowohl in der Art als auch in der Häufigkeit der Interaktionen mit ihren Kindern voneinander. [S. 503 f.]
    - richtig
    - falsch

34. Elterliche Konflikte beeinträchtigen die Qualität der Geschwisterbeziehungen nicht. [S. 505 f.]
    - richtig
    - falsch

35. Die Auswirkungen des elterlichen Erziehungsstils auf das kindliche Verhalten sind über Kulturen und Epochen hinweg gleich. [S. 500 ff.]
    - richtig
    - falsch

36. Bei den meisten Erwachsenen, die des Kindesmissbrauchs bezichtigt werden, handelt es sich um direkte Familienangehörige des Kindes. [S. 506 ff.]
    - richtig
    - falsch

37. Die Häufigste Form der Kindesmisshandlung in den USA ist Vernachlässigung. [S. 506 f.]
    - richtig
    - falsch

12 Lerntipp: Wenn möglich, üben Sie für wichtige Prüfungen mit ähnlichen Frageformaten und unter vergleichbaren Rahmenbedingungen. Erstellen Sie sich beispielsweise eine Probeklausur und nehmen Sie sich dafür genauso viel Zeit, wie Ihnen in der echten Prüfung zur Verfügung stehen würde.

38. Mütterliche Berufstätigkeit vor dem vollendeten ersten Lebensjahr eines Kindes hat sowohl direkte als auch indirekte negative Effekte auf die kindliche Entwicklung. [S. 514 ff.]
    - richtig
    - falsch

39. Regelmäßige, außerfamiliäre Tagesbetreuung vor dem vollendeten ersten Lebensjahr schadet grundsätzlich der Mutter-Kind-Bindung und wirkt sich negativ auf die soziale Anpassungsfähigkeit des Kindes bis in das Grundschulalter hinein aus. [S. 516 ff.]
    - richtig
    - falsch

40. Die Qualität der außerfamiliären Tagesbetreuung spielt keine Rolle für die kindliche Entwicklung, wenn Kinder unter drei Jahren weniger als 30 h pro Woche betreut werden. [S. 516 ff.]
    - richtig
    - falsch

Zur Vertiefung

- **Vertiefende Originalliteratur**
- Baumrind, D. (1973). The development of instrumental competence through socialization. In: A. D. Pick (Eds.), *Minnesota Symposia on Child Psychology* (vol. 7, pp. 3–46). Minneapolis: University of Minnesota Press.
- LeVine, R. A. (1988). Human parental care: Universal goals, cultural strategies, individual behavior. In: R. A. Le-Vine, P. M. Miller, & M. M. West (Eds.), *Parental behavior in diverse societies: New directions for child and adolescent development* (vol. 40, pp. 3–12). San Francisco, CA: Jossey-Bass.
- Parke, R. D., & Buriel, R. (2006). Socialization in the family: Ethnic and ecological perspectives. In: W. Damon, R. M. Lerner, & N. Eisenberg (Eds.), *Handbook of child psychology. Vol. 3: Social, emotional, and personality development* (6th ed., pp. 429–504). Hoboken, NJ: Wiley.

- **Was ist Familie? Schauen Sie sich auch die geschichtliche Entwicklung an, um nachzuvollziehen, was heute unter einer Familie verstanden wird.**
- Die Bundeszentrale für politische Bildung gibt hierzu einen guten und kompakten Überblick: ► https://www.bpb.de/themen/familie/. Zugegriffen: 16. Januar 2023.

- **Daten und Fakten zum Kindesmissbrauch in Deutschland**
- Die Bundesregierung (2020). Neue Zahlen zu Missbrauch – Fragen und Antworten: Kindeswohl hat höchste Priorität. ► https://www.bundesregierung.de/breg-de/aktuelles/missbrauchszahlen-1752038. Zugegriffen: 16. Januar 2023.
- Polizeiliche Kriminalprävention der Länder und des Bundes (2021). Zahlen und Fakten: Kindesmisshandlung. Hier spricht die Polizei, nicht nur über die Zahlen, sondern auch über die Rechtslage: ► https://www.polizei-beratung.de/themen-und-tipps/gewalt/kindesmisshandlung/fakten/. Zugegriffen: 16. Januar 2023.

- **Frühkindliche Bildung**
- Ein Großteil unseres Wissens über die Auswirkungen frühkindlicher Bildung, Betreuung und Erziehung auf die kindliche Entwicklung und auf die Eltern-Kind-Beziehungen basiert auf eine großangelegte NICHD-Längsschnittstudie, die Anfang der 1990er-Jahren begann

und bis 2007 die Entwicklung von über 1000 Kinder verfolgte. Hier lohnt ein Blick in die Originale, denn bis heute werden die Ergebnisse dieser Studie genutzt, um zum Teil widersprüchliche politische Maßnahmen zu begründen:

- Study of Early Child Care and Youth Development (SECCYD) Overview (Historical/For Reference Only). ▶ https://www.nichd.nih.gov/research/supported/seccyd/overview. Zugegriffen: 16. Januar 2023.

– Zum System der frühkindlichen Bildung, Betreuung und Erziehung in Deutschland finden Sie unter den folgenden Links weiterführende Informationen:

- Bundeszentrale für politische Bildung (2018). Frühkindliche Bildung. ▶ https://www.bpb.de/themen/bildung/dossier-bildung/174699/fruehkindliche-bildung/. Zugegriffen: 16. Januar 2023.
- Deutsches Jugendinstitut (2022). Kinderbetreuung in Kita, Tagespflege und Hort. ▶ https://www.dji.de/themen/kinderbetreuung.html. Zugegriffen: 16. Januar 2023.

12

Beziehungen zu Gleichaltrigen

Inhaltsverzeichnis

13.1   Offene Fragen – 106

13.2   Multiple Response – 107

13.3   Richtig oder falsch? – 110

Zur Vertiefung – 112

© Springer-Verlag GmbH Deutschland, ein Teil von Springer Nature 2023
M. Stolarova, S. Pauen, *Prüfungstrainer zur Entwicklungspsychologie im Kindes- und Jugendalter*,
https://doi.org/10.1007/978-3-662-64720-2_13

13.1 Offene Fragen

1. Enge Freundschaften von Grundschulkindern und eine positive psychologische Entwicklung, z. B. in Bezug auf die psychosoziale Anpassung, das Selbstwertgefühl und die Leistungsmotivation, hängen statistisch zusammen. Warum lässt sich daraus nicht schließen, dass Freundschaften (notwendigerweise) die kindliche Entwicklung fördern? [S. 542 ff.]

Freundschaften unter Peers

2. Freundschaften in der Kindheit können sowohl mit positiven als auch mit negativen Entwicklungsverläufen in der Jugend und im jungen Erwachsenenalter zusammenhängen. Erklären Sie, wie und warum es zu solchen scheinbar widersprüchlichen Einflüssen kommen kann, und nennen Sie dabei auch jeweils ein konkretes Beispiel für positive und negative Einflüsse von Freundschaften. [S. 542 ff.]

3. Welche Funktionen werden Freundschaften im Vorschulalter zugeschrieben? Formulieren Sie diese zunächst allgemein und nennen Sie dann jeweils ein konkretes Beispiel. [S. 539 f.]

4. „Gleich und gleich gesellt sich gern" – diskutieren Sie diese Aussage in Bezug auf Freundschaften vor der Pubertät und beziehen Sie sich dabei auf die untersuchten Ähnlichkeiten im Vergleich zwischen Freunden und „Nichtfreunden". [S. 535 ff.]

5. Welche Interaktionen finden häufiger zwischen Freunden im Vergleich zu Nichtfreunden im Kindergartenalter statt? [S. 539 f.]

6. „Gleich und gleich gesellt sich gern" oder „Gegensätze ziehen sich an"? Diskutieren Sie die Entstehungsprinzipien von Kinderfreundschaften. [S. 535 ff.]

7. Erklären Sie die auf die Online-Kommunikation bezogene *soziale Verstärkungshypothese* und *soziale Kompensationshypothese*. Warum steht Cyberbullying in keinem so großen Gegensatz zur Kompensationshypothese, wie man auf den ersten Blick annehmen könnte? [S. 540 ff.]

8. Was ist der *soziometrische Status* und wie wird dieser in Kindergruppen zumeist erhoben? Nennen und beschreiben Sie kurz die soziometrischen Kategorien nach Coie und Dodge (1998). [S. 549 f.]

9. Eltern warnen ihre heranwachsenden Kinder häufig davor, sich mit den „falschen" Freunden abzugeben, um sie z. B. vor Drogen und Kriminalität zu schützen. Welche methodisch nicht immer fundierte Annahme machen sie dabei? [S. 544 ff.]

13

10. Ein neunjähriges Mädchen besucht die vierte Klasse zusammen mit 23 anderen Kindern, davon sind eine Hälfte Jungen und die andere Hälfte Mädchen. In einem Soziogramm stellt sich heraus, dass sie vier Kinder sehr mögen, sieben mögen, acht ihr neutral gegenüber eingestellt sind und vier sie nicht ausstehen können. Welcher soziometrischen Kategorie würden Sie sie zuordnen? Warum? [S. 549 ff.]

11. Erläutern Sie den vermuteten Zusammenhang zwischen frühkindlichem Bindungsstatus und kindlichen Peer-Beziehungen anhand eines konkreten (anonymisierten) Beispiels. [S. 557 f.]

12. Was versteht man unter der Formulierung „elterliches Coaching"? Für welche Kinder sind solche elterlichen Bemühungen von besonderer Wichtigkeit und warum? [S. 556]

13. Sie möchten eine Studie konzipieren, in der untersucht werden soll, ob Mädchen oder Jungen im Alter von 15 Jahren bei gleichgeschlechtlichen oder gegengeschlechtlichen Peers beliebter sind. Wie gehen Sie vor? [S. 549 ff.]

14. Erinnern Sie sich an Freundschaften aus Ihrer frühen Kindheit? Formulieren Sie aus eigener Erfahrung Definitionen für „beste Freundin" bzw. „bester Freund" aus vier verschiedenen Entwicklungsphasen Ihres Lebens. Versuchen Sie dann eine allgemeine Definition zu finden. [S. 535 ff.]

15. Im Entwicklungsgespräch mit den Eltern eines fünfjährigen Jungen äußern die Eltern Sorge: Sie mögen den besten Freund ihres Kindes, der auch in Ihrer Gruppe ist, nicht. Sie fürchten, der Freund habe einen schlechten Einfluss auf ihren Sohn und bitten Sie, die Freundschaft während der Zeit der Kinder im Kindergarten zu unterbinden. Spielen Sie das Gespräch im Rahmen eines Rollenspiels nach.

13.2 Multiple Response

16. Spielen [S. 533 ff.]
    a. ist allein oder in einer Gruppe möglich.
    b. ist freiwillig, aktiv und unterhaltsam.
    c. ist gekennzeichnet dadurch, dass die Spielenden eine Belohnung erhalten.
    d. ist eine Aktivität, die keine Relevanz für die kindliche Entwicklung hat.

Sie wollen mehr über die Entwicklung und die Funktion von Freundschaften, auch im Erwachsenenalter oder bei Affen, erfahren? Ein spannendes Buch dazu hat Lydia Denworth verfasst, die in *Friendship* evolutive, biologische und psychologischen Aspekte der Freundschaft erörtert.

e. ist ein international anerkanntes Kinderrecht.

f. kann therapeutisch eingesetzt werden.

g. fällt in Gruppen von befreundeten und nicht befreundeten Kindern unterschiedlich aus.

17. Freundschaften [S. 535 ff.]

a. sind positive, auf Gegenseitigkeit beruhende Beziehungen zwischen nicht verwandten Menschen.

b. entstehen meist zwischen Kindern, die sich gegenseitig als ähnlich wahrnehmen.

c. werden bis zur Pubertät bevorzugt innerhalb der eigenen Ethnie geschlossen.

d. haben zwingend eine persönliche Komponente und können nicht ausschließlich online und auf Distanz gelebt werden.

e. entstehen vor der Pubertät eher nach dem Prinzip „Gegensätze ziehen sich an".

f. wandeln sich mit dem Alter und dem Entwicklungsstand der Kinder.

g. können sich positiv und negativ auf die Entwicklung von Kindern und Jugendlichen auswirken.

h. weisen auch während und nach der Pubertät keine geschlechtsspezifischen Unterschiede auf.

18. Enge Freunde [S. 542 ff.]

a. können eine Quelle emotionaler Unterstützung sein.

b. verringern die körperliche Stressreaktion auf unangenehme Vorkommnisse im Alltag.

c. sind insbesondere in Übergangsphasen wichtig.

d. spielen vor der Einschulung keine Rolle für die positive Entwicklung von Kindern.

e. können sich positiv auf das Denken und die kognitive Entwicklung auswirken.

f. sind für alle Kinder gleichermaßen von sehr großer Bedeutung.

19. Mobbing und Viktimisierung [S. 545 ff.]

a. sind im frühen Kindesalter kaum erforscht.

b. sind Formen von Peer-Beziehungen.

c. treffen Mädchen häufiger als Jungen.

d. finden ausschließlich in der Schule statt.

e. können in Online-Interaktionen sowie in der direkten Kommunikation auftreten.

20. Der soziometrische Status, auch Peer-Status, genannt [S. 549 ff.]

a. ist ein Messwert für die Anerkennung Einzelner innerhalb einer Gruppe.

b. wird mittels Befragung erhoben; dabei machen die Mitglieder einer Gruppe Angaben über ihre Beziehung zu oder ihre Einschätzung von anderen Gruppenmitgliedern.

c. bleibt während der gesamten Grundschulzeit weitgehend stabil.

d. hängt kausal mit dem elterlichen Erziehungsverhalten zusammen.

e. beeinflusst nicht das kindliche Wohlergehen.

21. Welche der folgenden Begriffe beschreiben soziometrische Kategorien? [S. 549 ff.]

a. Unbeliebt

b. Beliebt

c. Abgelehnt

d. Kontrovers

e. Missverstanden

f. Anerkannt

g. Distanziert

h. Durchschnittlich

i. Unsicher

j. Ignoriert

k. Hofiert

l. Gedisst

In Ihrem Buch wird u. a. behauptet, dass es eine Kategorie von beliebten Kindern gibt, die nicht gemocht werden und überdurchschnittlich aggressiv sind. Das erscheint auf den ersten Blick widersprüchlich und könnte mit der Übertragung des Textes ins Deutsche zusammenhängen. Schauen Sie im Original nach, finden Sie Alternativen?

22. Welche der folgenden Faktoren hängen *nicht* mit der Beliebtheit eines Kindes innerhalb seiner Peergroup zusammen? [S. 549 ff.]

a. Beliebte Freunde

b. Soziale Fähigkeiten

c. Kognitive Fähigkeiten

d. Emotionale Selbstregulation

e. Äußere Attraktivität

f. Geschlecht des Kindes

g. Anzahl der Geschwister

h. Familieneinkommen

i. Alter der Eltern

j. Offenheit (im Gegensatz zu Schüchternheit)

k. Fremdsprachenkenntnisse

23. Welche der folgenden Behauptungen treffen (im Sinne eines statistischen Durchschnittsvergleichs) zu? [S. 549 ff.]

a. Beliebte Kinder ziehen in jeder neuen Gruppenkonstellation sofort die Aufmerksamkeit und damit die Sympathien der anderen auf sich.

b. Abgelehnte Kinder neigen zu depressiven Verstimmungen und Ängsten.

c. Kinder, die als „kontrovers" klassifiziert werden, können einen hohen Peer-Status haben und sogar die Rolle des „Anführers" innehaben.

d. Beliebte Kinder zeigen kaum bis keine Aggressivität in sozialen Interaktionen.

Folgendes ist zu bedenken: In Ihrem Buch sowie in den meisten wissenschaftlichen Artikeln werden statistische Unterschiede zwischen Gruppen von Menschen und Wahrscheinlichkeiten berichtet. Über das individuelle Kind, also auch über Sie selbst als einzelne Person, machen diese keine Aussagen.

24. Der Status von Kindern in ihrer Peergroup [S. 549 ff.]
    a. ist ein bedeutender Gegenstand entwicklungspsychologischer Forschung.
    b. ist ein stabiles, personenbezogenes Merkmal, das nicht in Abhängigkeit von der konkreten Zusammensetzung der unterschiedlichen Peergroups variiert.
    c. bestimmt kausal die Wahrscheinlichkeit, mit der Kinder zu Mobbingtätern werden.
    d. hat keinen Einfluss auf das kindliche Wohlergehen.
    e. beeinflusst das kindliche Verhalten und wird davon beeinflusst.

25. Art und Qualität der Eltern-Kind-Interaktionen [S. 555 f.]
    a. beeinflussen die kindlichen Peer-Beziehungen kausal und unidirektional.
    b. können durch die Art und die Qualität der kindlichen Peer-Beziehungen beeinflusst werden.
    c. können die Effekte von Problemen und Stress in Peer-Beziehungen abmildern.
    d. spielen nach der Pubertät keine Rolle mehr für das Sozialverhalten von Jugendlichen.
    e. werden teilweise durch biologisch-genetische Faktoren beeinflusst.

13.3   Richtig oder falsch?

26. Für Kinder unter sechs Jahren sind Nichtfreunde automatisch Feinde. [S. 535 ff.]
    — richtig
    — falsch

27. Reziprozität ist ein Kennzeichen von Freundschaften. [S. 535 ff.]
    — richtig
    — falsch

28. Der Begriff „Peers" bezeichnet in der Psychologie (nicht verwandte) Menschen von ähnlichem Alter und Status. [S. 532]
    — richtig
    — falsch

29. Die meisten Freunde sind Peers, aber nicht alle Peers sind Freunde. [S. 535 ff.]
    — richtig
    — falsch

13

30. Die soziale Kompensationshypothese ist eine Variante des Matthäus-Prinzips und besagt, dass vor allem Jugendliche mit guten sozialen Fähigkeiten von den Möglichkeiten der Online-Kommunikation profitieren. [S. 540 ff.]
    ▬ richtig
    ▬ falsch

31. Freundschaften haben in der Kindheit und Jugend ausschließlich positive Auswirkungen auf die Entwicklung und das Wohlergehen. [S. 544 ff.]
    ▬ richtig
    ▬ falsch

32. Die Entstehung von Freundschaften hängt im Kindesalter in besonderem Maße von der räumlichen Nähe und der Gelegenheit für gemeinsame Aktivitäten ab. [S. 535 ff.]
    ▬ richtig
    ▬ falsch

33. Mobbing resultiert meist aus einem (objektiven oder subjektiven) Machtungleichgewicht. [S. 545 ff.]
    ▬ richtig
    ▬ falsch

34. Schon im Vorschulalter lassen sich unterschiedlich dominante Mitglieder in kindlichen Peer-Gruppen erkennen. [S. 550]
    ▬ richtig
    ▬ falsch

35. Im Zeitverlauf ist die soziometrische Stabilität bei abgelehnten Kindern höher als bei beliebten, kontroversen oder ignorierten Kindern. [S. 550 ff.]
    ▬ richtig
    ▬ falsch

36. Es gibt evidenzbasierte Programme, mit denen die sozialen Kompetenzen und damit auch die Freundschaften von Kindern und Jugendlichen verbessert werden können. [S. 551]
    ▬ richtig
    ▬ falsch

37. Es bestehen komplexe wechselseitige Beziehungen zwischen dem elterlichen Erziehungsverhalten, den kindlichen Verhaltensprädispositionen, den kindlichen Peer-Beziehungen und der sozialen Entwicklung im Lebensverlauf. [S. 555 ff.]
    ▬ richtig
    ▬ falsch

38. Zurückhaltendes, schüchternes Verhalten wird in der Kindheit und Jugend kulturunabhängig negativ bewertet und wirkt sich daher negativ auf den sozialen Status von Kindern innerhalb ihrer Peergroup aus. [S. 550 ff.]
— richtig
— falsch

39. Die kindliche Bindung zum gegengeschlechtlichen Elternteil bestimmt die Qualität gegengeschlechtlicher Freundschaften ab der Pubertät kausal. [S. 556 f.]
— richtig
— falsch

40. Prinzipiell gilt: Je mehr Freunde ein Kind im Alter von zehn Jahren hat, desto besser geht es ihm/ihr im Alter von 15 Jahren. [S. 535 ff.]
— richtig
— falsch

Zur Vertiefung

- **Weiterführende Beiträge**
- Ackermann, K., Büttner, G., Bernhard, A., et al. (2018). Freundschaftsqualitäten und unterschiedliche Formen aggressiven Verhaltens bei Jungen und Mädchen im späten Kindes- und Jugendalter. *Kindheit und Entwicklung, 27,* 81–90.
- Coie, J. D., & Dodge, K. A. (1998). Aggression and antisocial behavior. In: N. Eisenberg (Ed.), *Handbook of child psychology. Vol. 3: Social, emotional, and personality development* (5th ed., pp. 779–862). Hoboken, NJ: Wiley.
- Denworth, L. (2020). *Friendship.* New York: W. W. Norton & Co. ▶ https://lydiadenworth.com/books/friendship/. Zugegriffen: 16. Januar 2023.
- Parker, J. G., & Asher, S. R. (1993). Friendship and friendship quality in middle childhood: Links with peer group acceptance and feelings of loneliness and social dissatisfaction. *Developmental Psychology, 29,* 611–621.

13

Moralentwicklung

Inhaltsverzeichnis

14.1   Offene Fragen – 114

14.2   Multiple Response – 115

14.3   Richtig oder falsch? – 118

Zur Vertiefung – 120

© Springer-Verlag GmbH Deutschland, ein Teil von Springer Nature 2023
M. Stolarova, S. Pauen, *Prüfungstrainer zur Entwicklungspsychologie im Kindes- und Jugendalter*,
https://doi.org/10.1007/978-3-662-64720-2_14

14.1 Offene Fragen

1. Nennen Sie zwei Theorien der moralischen Entwicklung, beschreiben Sie diese kurz und grenzen Sie diese voneinander ab. [S. 574 ff.]

2. Die Bereichstheorie des sozialen Urteils unterscheidet sich substanziell von Kohlbergs Stufenmodell der moralischen Entwicklung. Erläutern Sie kurz beide theoretische Modelle und erklären Sie die wesentlichen Unterschiede. [S. 576 ff.]

3. Piaget ist bekannt für seine Theorie der kognitiven Entwicklung, er hat sich jedoch auch ausgiebig mit der Entwicklung des moralischen Urteils beschäftigt. Vergleichen Sie beide Ansätze systematisch: Wo entdecken Sie Parallelen, wo Unterschiede? [S. 131 ff., 574 ff.]

4. Erklären Sie vor dem Hintergrund der Bereichstheorie des sozialen Urteils die Begriffe „moralischer Bereich", „Bereich der sozialen Konventionen" und „persönlicher Bereich". Grenzen Sie diese gegeneinander ab und geben Sie jeweils ein Beispiel. [S. 579 ff.]

Moralentwicklung und Sozialverhalten

5. Erläutern Sie, inwiefern der kulturelle Hintergrund bzw. der sozioökonomische Status Einfluss darauf nehmen, was als moralische Frage oder als soziale Konvention zu betrachten ist. [S. 581 f.]

6. Beschreiben Sie die Entwicklung prosozialen Verhaltens. Welche Rolle spielt Empathie dabei? Wie häufig zeigen Kleinkinder entsprechend ihrem Alter prosoziales Verhalten? [S. 585 ff.]

7. Wie unterscheiden sich antisoziale bzw. aggressive Kinder und Jugendliche von ihren nicht aggressiven Peers hinsichtlich ihrer sozialen Kognition? Welche Aggressionsformen spielen dabei eine Rolle? [S. 598 f.]

8. Die Ebenen prosozialen Verhaltens nach Eisenberg ähneln zu großen Teilen den Ebenen und Stufen in Kohlbergs Theorie des moralischen Urteils. Vergleichen Sie die Einteilungen der Forscher miteinander und listen Sie Gemeinsamkeiten und Unterschiede der Theorien auf. [S. 576 ff., 585 ff.]

9. Definieren Sie *Gewissen*. Mit welcher Persönlichkeitsstruktur nach Freud assoziieren Sie das Gewissen? [S. 582 ff.]

14

10. Eine besorgte Mutter bittet Sie um Rat. Sie hat ihre 15-jäh-
rige Tochter vor einigen Tagen beim Rauchen erwischt. Als
sie sie darauf angesprochen hat, wurde die Tochter schnell
laut und begründete ihr Verhalten damit, dass die Mutter
sich sowieso nicht für sie interessiere und nur noch mit
ihrem neuen Freund beschäftigt sei. Gestern bekam die
Mutter dann einen Anruf von der Schulleitung, dass sich
die Tochter in der Pause mit einer Mitschülerin geprügelt
habe und zusätzlich nicht zum Nachmittagsunterricht erschienen sei. Die Mutter bat ihre Tochter daraufhin, nach
Hause zu kommen, um mit ihr über ihr Verhalten zu sprechen, doch sie widersetzte sich und übernachtete stattdessen bei einer Freundin. Die Freundin der Mutter er-
zählte ihr daraufhin von schwerwiegenden sozialen Ver-
haltensstörungen bei Jugendlichen. Würden Sie aufgrund
des beschriebenen Verhaltens der Tochter ebenfalls von
einer schwerwiegenden sozialen Verhaltensstörung sprechen? Warum (nicht)? [S. 594 ff.]

11. Vergleichen Sie die Ursprünge prosozialen und antisozialen
Verhaltens miteinander. Wo liegen Gemeinsamkeiten und
Unterschiede? Legen Sie hierbei besonderes Augenmerk
auf die Einflüsse der Eltern und der Erziehung. [S. 579 ff.]

12. Sind die Vorstellungen darüber, was in unserer westlichen
Gesellschaft als moralisch gut und richtig angesehen wird,
für Männer und Frauen, für Mädchen und Jungen gleich?
Versuchen Sie, an Ihre eigene Erziehung zu denken, und
tauschen Sie sich mit Ihren Peers darüber aus.

Lerntipp: Die Ent-
wicklungspsychologie be-
zieht viele ihrer Erkenntnisse aus quantitativen Studien mit (möglichst großen)
Gruppen. Die Übertragung
der Erkenntnisse auf
Einzelfälle ist eine Heraus-
forderung und muss als Teil
der Professionalität von
Psychologinnen bzw.
Psychologen erworben wer-
den. Fallvignetten geben
Ihnen Möglichkeiten zum
Üben. Diskutieren Sie Ihre
Lösungen, da es keine
Patentrezepte gibt.

14.2 Multiple Response

13. Piagets Theorie des moralischen Urteils [S. 574 ff.]
   a. ist ein Stufenmodell.
   b. basiert auf der Annahme, dass Kinder erst eine gewisse
      kognitive Reife erreichen müssen, bevor sie die Motive
      hinter den Handlungen zur Bewertung moralischer Di-
      lemmas heranziehen können.
   c. sieht die Interaktionen mit Gleichaltrigen als eine wich-
      tige Voraussetzung für die Entwicklung des moralischen
      Denkens an.
   d. sieht in der Bindung zum gleichgeschlechtlichen Eltern-
      teil den Schlüssel zur moralischen Entwicklung.
   e. unterschätzt die Fähigkeit von Kleinkindern, die Inten-
      tion hinter der Handlung anderer zu erkennen.

Lerntipp: Es kann Ihnen helfen, komplexe Modelle aufzuzeichnen, um die Hierarchieebenen und die Zusammenhänge besser verstehen und behalten zu können.

14. Welche der folgenden Begriffe bezeichnen Entwicklungsstufen moralischen Denkens nach Piaget? [S. 574 ff.]
    a. Heteronome Moral
    b. Moralischer Absolutismus
    c. Autonome Moral
    d. Absolute Moral
    e. Moralischer Relativismus
    f. Operationale Moral

15. Welche Ebenen des moralischen Urteils umfasst das Stufenmodell nach Kohlberg? [S. 576 ff.]
    a. Postkonventionelles Niveau
    b. Präskriptives Niveau
    c. Postskriptives Niveau
    d. Normatives Niveau
    e. Konventionelles Niveau
    f. Egozentrisches Niveau
    g. Solidarisches Niveau
    h. Präkonventionelles Niveau

16. Kohlbergs Theorie des moralischen Urteils [S. 576 ff.]
    a. wurde auf der Grundlage von Langzeitbeobachtungen entwickelt.
    b. basiert auf Beobachtung ausschließlich männlicher Teilnehmer.
    c. ist ein Stufenmodell.
    d. postuliert einen universellen Entwicklungsverlauf im Bereich der moralischen Entwicklung.
    e. geht davon aus, dass es keinen Zusammenhang zwischen der kognitiven und der moralischen Entwicklung gibt.

17. Welche der folgenden gehören zu den Bereichen des sozialen Wissens, in denen Kinder Kompetenzen erwerben müssen, um in ihrer sozialen Umwelt erfolgreich und angemessen handeln zu können? [S. 579 ff.]
    a. Moralischer Bereich
    b. Emotionaler Bereich
    c. Bereich sozialer Konventionen
    d. Persönlicher Bereich
    e. Juristischer Bereich
    f. Sexueller Bereich

18. Gewissen [S. 582 ff.]
    a. ist ein innerer Regulationsmechanismus.
    b. entwickelt sich aus dem Wechselspiel von angeborenen Präferenzen und Lernerfahrung.
    c. ist kulturunabhängig.
    d. entwickelt sich über einen Zeitraum von mehreren Jahren.
    e. entwickelt sich unabhängig vom kindlichen Temperament.

14

19. Welche Faktoren können individuelle Unterschiede im prosozialen Verhalten hervorrufen? [S. 585 ff.]
    a. Genetische Faktoren
    b. Sozialisation und Erziehung
    c. Sozioökonomischer Status
    d. Lerngelegenheiten
    e. Ethnie

20. Zu den Formen prosozialen Verhaltens, die bereits Kleinkinder zeigen, gehören [S. 585 ff.]
    a. Trösten.
    b. Teilen.
    c. Kooperieren.
    d. Helfen.

21. Aggressives Verhalten bei Kindern und Jugendlichen [S. 594 ff.]
    a. unterscheidet sich in Bezug auf Intensität und Häufigkeit bei Mädchen und Jungen.
    b. ist im individuellen Entwicklungsverlauf über Altersstufen hinweg erstaunlich stabil.
    c. tritt erst ab einem Alter von etwa fünf bis sechs Jahren auf.
    d. erreicht den Höhepunkt der Prävalenz bei beiden Geschlechtern im Alter zwischen 15 und 18 Jahren.
    e. ist nicht wissenschaftlich operationalisierbar.
    f. wird durch die Tendenz, Verhalten anderer als feindselig zu interpretieren, begünstigt.
    g. kann durch elterliches Erziehungsverhalten nicht beeinflusst werden.

22. Interventionsprogramme für Kinder, die antisoziales oder oppositionelles Verhalten zeigen, [S. 603 ff.]
    a. sind nur erfolgsversprechend, wenn sie medikamentös unterstützt werden.
    b. existieren in Deutschland noch nicht.
    c. können individuell oder auch gruppenbasiert sein.
    d. können erst während der Pubertät sinnvoll umgesetzt werden.
    e. müssen geschlechtsspezifisch ausgerichtet sein.

23. Die Entwicklung aggressiven Verhaltens kann zusammenhängen mit [S. 594 ff.]
    a. Einflüssen Gleichaltriger.
    b. der genetischen Ausstattung.
    c. der Sozialisation der Familienmitglieder.
    d. einer diagnostizierten Autoimmunerkrankung.
    e. dem sozioökonomischen Status und dem Wohnmilieu.

14.3   **Richtig oder falsch?**

24. Sowohl Piaget als auch Kohlberg betrachteten die moralische Entwicklung als einen Teil der kognitiven Entwicklung. [S. 574 ff.]
    ━ richtig
    ━ falsch

25. Piaget ging davon aus, dass moralisches Urteilen aus der emotionalen Reife von Kindern und Jugendlichen heraus erwächst. [S. 574 ff.]
    ━ richtig
    ━ falsch

26. Kohlbergs Stufenmodell beinhaltet drei Ebenen oder Entwicklungsniveaus, die jeweils in zwei Stufen unterteilt sind. [S. 576 ff.]
    ━ richtig
    ━ falsch

27. Nach Kohlberg ist die kognitive Reife der Kinder entscheidend dafür, ob sie eine moralische Bewertung ausschließlich an den Folgen der Handlung festmachen oder die Absichten des Handelnden mit einbeziehen. [S. 576 ff.]
    ━ richtig
    ━ falsch

28. Kohlbergs Theorie des moralischen Urteils wurde ursprünglich anhand längsschnittlicher Beobachtungen ausschließlich männlicher Kinder und Jugendlicher entwickelt. [S. 576 ff.]
    ━ richtig
    ━ falsch

29. Kohlberg ist der wissenschaftliche Urheber der Bereichstheorie des sozialen Urteils. [S. 576 ff.]
    ━ richtig
    ━ falsch

30. Zur Untersuchung der Entwicklung des moralischen Denkens werden häufig Dilemmasituationen genutzt. [S. 576 ff.]
    ━ richtig
    ━ falsch

31. Das Temperament eines Kindes hat keinen Einfluss auf die Entwicklung seines Gewissens. [S. 584]
    ━ richtig
    ━ falsch

32. Prosoziales Verhalten zielt darauf ab, anderen etwas Gutes zu tun. [S. 585 ff.]
    ━ richtig
    ━ falsch

14

33. Noch vor dem ersten Geburtstag zeigen Kinder Präferenzen für Akteure/Akteurinnen, die sich prosozial verhalten. [S. 582 ff.]
    - richtig
    - falsch

34. Prosoziales Verhalten ist eine relativ stabile Persönlichkeitseigenschaft: Wer sich im jungen Kindesalter oft prosozial verhält, ist auch im Erwachsenenalter stärker auf die Bedürfnisse anderer bedacht, kümmert sich um andere und wird als sympathischer eingestuft. [S. 585 ff.]
    - richtig
    - falsch

35. Die Fähigkeit zur Perspektivenübernahme ist eine wichtige Voraussetzung für viele Formen des prosozialen Verhaltens. [S. 585 ff.]
    - richtig
    - falsch

36. Prosoziales Verhalten ist hauptsächlich durch biologische Faktoren und Vererbung bestimmt, daher haben gezielte Interventionsprogramme auch kaum Aussicht auf Erfolg. [S. 585 ff.]
    - richtig
    - falsch

37. Kinder entwickeln häufiger aggressives und antisoziales Verhalten, wenn sie Zeuge von häuslicher Gewalt werden. [S. 594 ff.]
    - richtig
    - falsch

38. Aggression ist eine Form antisozialen Verhaltens. [S. 594 f.]
    - richtig
    - falsch

39. Antisoziales Verhalten und Aggression werden in der Entwicklungspsychologie als Synonyme genutzt. [S. 594 ff.]
    - richtig
    - falsch

40. Proaktive Aggression wird dazu eingesetzt, eigene Wünsche und Ziele zu erfüllen. [S. 594 f.]
    - richtig
    - falsch

Zur Vertiefung

- **Schauen Sie sich diese Videos an. Was ist moralisch richtig?**
- Harvard University (2015). „Justice". ▶ https://www.edx. org/course/justice. Zugegriffen: 16. Januar 2023.
- Eine nette Illustration von Kohlbergs Theorie des moralischen Urteils: Sprouts, „Kohlberg's 6 Stages of Moral Development". ▶ https://www.youtube.com/watch?v=bounwXLkme4. Zugegriffen: 16. Januar 2023.

- **Weiterführende Studie**
- Elsner, K. (2008). Sexuell übergriffiges und aggressives Verhalten im Kindesalter. Einflüsse entwicklungsrelevanter Faktoren. *Forensische Psychologie, Psychologie, Kriminologie, 2*(4), 222–231. [Aufgabe 14.21]

- **Forschung an den Grenzen der Moral? Das „Stanford Prison Experiment" (über den Link abrufbar)**
- BBC Documentary (2017). Psychology: The Stanford Prison Experiment. ▶ https://www.youtube.com/watch?v=F4txhN13y6A. Zugegriffen: 16. Januar 2023.

14

Die Entwicklung der Geschlechter

Inhaltsverzeichnis

15.1   Offene Fragen – 122

15.2   Multiple Response – 123

15.3   Richtig oder falsch? – 126

Zur Vertiefung – 128

© Springer-Verlag GmbH Deutschland, ein Teil von Springer Nature 2023
M. Stolarova, S. Pauen, *Prüfungstrainer zur Entwicklungspsychologie im Kindes- und Jugendalter*,
https://doi.org/10.1007/978-3-662-64720-2_15

15.1 Offene Fragen

1. Definieren Sie die Begriffe „biologisches Geschlecht", „psychosoziales Geschlecht" oder „Gender", „Cisgender" und „Genderfluid". [S. 623 ff.]

2. Gerade im Themenbereich Geschlechterentwicklung hat die Psychologie viel zu lange Unterschiede der Mittelwerte überbetont und Ähnlichkeiten, die sich statistisch als Überlappung zwischen zwei Populationen ausdrücken lassen, übersehen. Nennen und erklären Sie mindestens drei Gründe hierfür? Können Sie einen weiteren Themenbereich identifizieren, in dem ebenfalls Unterschiede im Vergleich zu Ähnlichkeiten zwischen Gruppen überbetont werden oder wurden? [S. 620 ff.]

3. Studien mit Mädchen, die an einer kongenitalen adrenalen Hyperplasie leiden, sogenannte CAH-Mädchen, werden sehr häufig herangezogen, wenn es darum geht, den Einfluss des pränatalen Testosteronspiegels auf die kindliche Entwicklung zu untersuchen. Warum? [S. 647 f.]

4. Skizzieren Sie (gerne in einer Tabelle) die Gemeinsamkeiten und die Unterschiede zwischen den vier kognitiv-motivationalen Theorien der Geschlechterentwicklung. [S. 629 ff.]

5. Definieren Sie den Begriff „ambivalenter Sexismus" und nennen Sie ein konkretes Beispiel für Verhaltensweisen, die hiermit erklärt werden könnten. [S. 645 f.]

6. Wann wurde in der Bundesrepublik Deutschland das Eherecht dahingehend geändert, dass Frauen nicht mehr die Zustimmung ihres Ehemannes benötigten, wenn sie einer Erwerbstätigkeit nachgehen wollten? Wie gestaltete sich dies in der ehemaligen Deutschen Demokratischen Republik? Das müssten Sie online recherchieren, in Ihrem Buch findet sich nichts dazu.

7. Schildern Sie zwei verschiedene methodische Zugänge und ihre Ergebnisse, die zeigen, dass bereits Säuglinge im ersten Lebensjahr eine Kategorisierung nach Geschlecht vornehmen (können). [S. 639 f.]

8. Welche Faktoren bestimmen die Definitionen von geschlechtertypischem Verhalten? Nennen Sie ein Beispiel für eine Verhaltensweise, die in einem (sozialen, kulturellen oder historischen) Kontext typisch und in einem anderen untypisch für Mädchen wäre. [S. 641 f.]

9. Warum ist es heute und hier für kleine Mädchen weniger problematisch, jungentypisches Verhalten zu zeigen, als für kleine Jungen mädchentypisches? [S. 641 f.]

Die englischsprachige Unterscheidung der Begriffe „sex" und „gender" wurde im Deutschen früher meist durch die Begriffe „biologisches Geschlecht" und „soziales" bzw. „psychosoziales Geschlecht" hergestellt. Eine andere Übersetzung wird zunehmend und so auch in der aktuellen Auflage des Lehrbuchs genutzt: Geschlecht für „sex" und Gender für „gender".

15

10. Was sind Metaanalysen, und warum sind diese in der psychologischen Forschung generell, aber auch insbesondere in Bezug auf Unterschiede und Ähnlichkeiten zwischen den Geschlechtern relevant? [S. 626 f.]

11. Wenn signifikante Unterschiede zwischen den Geschlechtern (oder auch anderen sozialen Gruppen) berichtet werden, sind Psychologinnen und Psychologen angehalten, Maße der Effektstärke und der Variabilität mit anzugeben. Warum? [S. 626 f.]

12. Sich selbst erfüllende Prophezeiungen können Geschlechterunterschiede und auch Leistungsähnlichkeiten zum Teil erklären. Erläutern Sie das an einem konkreten Beispiel. [S. 650 ff.]

13. Welche Faktoren können Geschlechterunterschiede des Aggressionsverhaltens beeinflussen? [S. 657 ff.]

14. Ein fünfjähriger Junge, der sich bis dahin geschlechterrollenkonform verhalten hat, möchte nun Ballett tanzen. Wie würde man dieses Verhalten auf Grundlage der Theorie der sozialen Identität und der sozial-kognitiven Theorie erklären? [S. 633 ff.]

15. Welche der Theorien der Geschlechterentwicklung berufen sich auf die Ihnen aus der Sozialpsychologie (hoffentlich) bekannten Mechanismen der In-Group- und Out-Group-Verzerrungen? [S. 629 ff.]

16. Welches Ziel verfolgen Eltern möglicherweise, wenn sie in einer Familie darauf bestehen, dass Tochter und Sohn die gleichen Aufgaben im Haushalt übernehmen, in Bezug auf die Geschlechterentwicklung ihrer Kinder? [S. 629 ff.]

15.2 Multiple Response

17. Theorien, die sich mit der Entwicklung der Geschlechter beschäftigen, [S. 623 ff.]
    a. gehen davon aus, dass das biologische und das psychosoziale Geschlecht immer eindeutig binär kategorisierbar sind.
    b. schließen biologische Einflüsse wie Gene oder Hormone als Erklärungsfaktoren bei der Entwicklung des psychosozialen Geschlechts (Genderentwicklung) von Individuen aus.
    c. betrachten den Einfluss von biologischen, kognitiv-motivationalen und kulturellen Einflüssen auf die Geschlechterentwicklung.
    d. beschäftigen sich mit der Geschlechterentwicklung ab dem Zeitpunkt der Geschlechtsreife.

18. Die Erforschung der Geschlechterentwicklung [S. 620 ff.]
    a. bezog sich lange fast ausschließlich auf Mittelwertsunterschiede.
    b. vernachlässigt noch immer häufig Ähnlichkeiten zwischen Individuen unterschiedlicher Geschlechter.
    c. berücksichtigt erst in den letzten Jahrzehnten vermehrt die Effektstärke und damit auch die Überlappung zwischen den Geschlechtergruppen.
    d. liefert eindeutige Beweise für den evolutionär-biologischen Ursprung von nahezu allen empirisch belegten Geschlechterunterschieden.
    e. belegt, dass nahezu alle Geschlechterunterschiede ausschließlich auf Sozialisations- und Lernprozesse zurückzuführen sind.
    f. zeigt, dass Unterschiede biologischen Ursprungs eher in der Kindheit nachzuweisen sind als nach der Pubertät.

19. Schauen Sie sich Tab. 15.1 auf S. 621–622 in Ihrem Lehrbuch und die methodischen Erläuterungen dazu genau an, insbesondere zur Bedeutung der Effektstärke und zur prozentualen Überlappung zwischen Populationen bei signifikanten Mittelwertsunterschieden. Welche der folgenden Behauptungen können Sie aus dieser Tabelle ableiten?
    a. Geschlechterunterschiede in Bezug auf die Mathematikfähigkeiten sind stabil und belastbar während der Kindheit und vergrößern sich deutlich nach der Pubertät.
    b. Es gibt nur sehr wenige stabile und große Geschlechterunterschiede, wenn sie vorhanden sind, dann tendenziell eher in der Jugend als in der Kindheit.
    c. Mädchen weisen von klein auf und durchgängig deutlich bessere verbale Kompetenzen auf.
    d. Die größten Geschlechterunterschiede wurden empirisch in Bezug auf körperliche Stärke und Laufgeschwindigkeit nachgewiesen: Hier sind Jungen von klein auf Mädchen überlegen, mit zunehmendem Alter vergrößern sich diese Unterschiede zusätzlich.
    e. Mädchen und Jungen weisen kleine, aber stabile Unterschiede in Bezug auf ihr Selbstkonzept auf, d. h., sie haben bereits in der Kindheit geschlechtsspezifische Erwartungen an sich selbst.

20. Zu den Stufen der Geschlechterentwicklung nach Kohlberg gehören [S. 629 ff.]
    a. Geschlechtsidentität.
    b. Geschlechtsstabilität.
    c. Geschlechterschemata.
    d. Geschlechtsrolle.
    e. Geschlechtskonstanz.
    f. Geschlechtstoleranz.
    g. Geschlechtsassimilation.

15

21. Die Theorie der Geschlechterschemata besagt, dass [S. 630 f.]
    a. Kinder Geschlechterschemata bzw. Konzepte auf der Grundlage der eigenen Erfahrungen und der geschlechtsbezogenen Informationen, die sie erhalten, konstruieren.
    b. die Fähigkeit, das eigene Geschlecht und das Geschlecht anderer zu identifizieren und zu benennen, bereits im Alter von etwa drei Jahren vorhanden ist und die Grundlage für die Geschlechtsidentität bildet.
    c. es einen theoretischen Rahmen für die Erklärung von geschlechtsspezifischen Präferenzen gibt.
    d. Geschlechterschemata und damit auch geschlechtsspezifische Erwartungen nicht durch Erfahrung und Interventionen modifizierbar sind.

22. In Bezug auf die erforschten Meilensteine der Geschlechterentwicklung gilt Folgendes: [S. 639 ff.]
    a. Noch vor dem ersten Geburtstag unterscheiden Säuglinge Kategorien von Menschen nach (vermutetem) Geschlecht.
    b. Säuglinge vor dem ersten Geburtstag verfügen über Geschlechterkonzepte, sie begreifen somit auch die nicht sichtbaren Unterschiede zwischen den Geschlechtern.
    c. Im Kindergartenalter vertreten die meisten Kinder vehement starre Geschlechterstereotypen, sie ordnen auch Verhaltensweisen und Präferenzen den binären Geschlechterkategorien zu.
    d. Einige Kinder zeigen bereits im jungen Alter und sehr konsequent geschlechtsuntypische Verhaltensweisen.
    e. Die Tendenz zu gleichgeschlechtlichen Freundschaften bleibt über die gesamte Kindheit bis zur Pubertät stabil.

23. Die vorpubertäre Phase, in der äußerlich sichtbare Zeichen sexueller Reife noch (weitgehend) fehlen, die jedoch durch einen Anstieg der Hormonproduktion in den Nebennieren gekennzeichnet ist, heißt [S. 649 f.]
    a. Menarche.
    b. Adrenarche.
    c. Spermarche.
    d. Mutation.

24. In Bezug auf kognitive Fähigkeiten und schulische Leistungen konnten empirisch [S. 650 ff.]
    a. stabile und belastbare Vorteile für Mädchen im Vergleich zu Jungen bezüglich fast aller untersuchten Dimensionen festgestellt werden.
    b. subtile Verteilungsunterschiede bei ähnlichen Mittelwerten in Bezug auf den IQ festgestellt werden.

Lerntipp: Das Thema Geschlechterentwicklung ist gut geeignet, um Ihre erworbenen Kenntnisse über grundsätzliche psychologische Ansätze des Behaviorismus, der Evolutionspsychologie und der Psychoanalyse zu überprüfen: Welche Vorhersagen würde man aus Sicht jeder dieser Richtungen dazu machen?

c. abnehmende Leistungsunterschiede in naturwissen-schaftlich-technischen Bereichen in den letzten Jahr-zehnten festgestellt werden.

d. geschlechtsspezifische, kultur- und kontextabhängige Leistungsunterschiede nachgewiesen werden.

25. In Bezug auf Aggression findet man empirische Beweise für [S. 656 ff.]

a. geschlechtsspezifische Unterschiede bei verschiedenen Aggressionsarten: Im Durchschnitt zeigen männliche Jugendliche häufiger direkte Aggression, weibliche Jugendliche häufiger indirekte Aggression.

b. eine Vielzahl biologischer, kognitiver, motivationaler und sozialer Einflüsse, die geschlechtsspezifische Aggressionsausprägungen bedingen.

c. eine erhöhte Aggressivität von Jungen bereits im frühen Kindesalter und durchgängig in der Entwicklung.

d. so gut wie keine Überlappung der Aggressivitätsaus-prägung von Mädchen und Jungen.

26. Sie lesen in einem Artikel, dass Mädchen mit sechs Jahren sprachlich kompetenter sind als Jungen. Nun wissen Sie mit ziemlicher Sicherheit, dass

a. die meisten sechsjährigen Mädchen einen besseren Wortschatz haben als die meisten sechsjährigen Jungen.

b. mehr als die Hälfte aller Mädchen überdurchschnittlich sprachbegabt ist.

c. es biologisch-genetische Ursachen dafür gibt, dass Jun-gen im Durchschnitt sprachlich schlechter abschneiden als Mädchen.

d. Mädchen besser lesen als Jungen.

e. es wahrscheinlich im Durchschnitt bei einer nicht näher definierten sprachlichen Leistung statistisch signifikante Unterschiede zwischen sechsjährigen Mädchen und Jungen gibt.

f. die Überlappung der Stichproben von Mädchen und Jungen bezüglich einer nicht näher definierten sprach-lichen Leistung weniger als 80 % beträgt.

g. Jungen ein höheres Risiko für spezifische Sprachent-wicklungsstörungen aufweisen.

15.3 Richtig oder falsch?

27. Biologisches (engl.: „sex") und psychosoziales Geschlecht (engl.: „gender") sind immer deckungsgleich. [S. 623 ff.]

━ richtig

━ falsch

28. Bei Cisgender-Personen stimmen biologisches und psycho-soziales Geschlecht überein. [S. 623 ff.]
    — richtig
    — falsch

29. Alle Babys werden mit eindeutig weiblichem oder männlichem (biologischem) Geschlecht geboren, äußerlich ist dieses an den Genitalien zu erkennen. [S. 623 ff.]
    — richtig
    — falsch

30. Psychologische Forschung, die sich auf die Erforschung binär-kategorialer Geschlechterunterschiede konzentriert, vernachlässigt und unterschätzt individuelle Unterschiede. [S. 623 ff.]
    — richtig
    — falsch

31. Bei der Betrachtung von Unterschieden zwischen zwei Gruppen, z. B. auch bei Geschlechterunterschieden, ist die statistische Signifikanz die einzige relevante Größe, die Effektstärke ist zu vernachlässigen. [S. 626 f.]
    — richtig
    — falsch

32. Es gibt kleine, statistische signifikante strukturelle Unterschiede zwischen männlichen und weiblichen Gehirnen. [S. 624 f., S. 629]
    — richtig
    — falsch

33. Es gibt eine ausreichende empirische Evidenz, dass kleine neuroanatomische Unterschiede zwischen männlichen und weiblichen Gehirnen konkrete Unterschiede im Verhalten und Erleben von Männern und Frauen bewirken. [S. 624 f., 629]
    — richtig
    — falsch

34. Was genau geschlechtertypisches und geschlechteruntypisches Verhalten von Kindern ausmacht, lässt sich nur kultur- und zeitspezifisch definieren. [S. 638 ff.]
    — richtig
    — falsch

35. Die Tendenz zur Präferenz gleichgeschlechtlicher Spielpartner/-innen im Kindergartenalter ist nur in Kulturen mit strikter Geschlechtertrennung zu beobachten. [S. 640 ff.]
    — richtig
    — falsch

36. Erwachsene behandeln Babys unterschiedlichen Geschlechts gleich, wenn sie ihr biologisches Geschlecht nicht mit absoluter Gewissheit kennen.
    — richtig
    — falsch

Geschlecht wird heute vielfach nicht kategorial, sondern dimensional begriffen und erklärt. Reflektieren Sie diese Vorstellung für sich: Sind Sie in jeder Situation 100 % männlich oder weiblich? Und waren Sie das schon immer?

37. Es gibt ausreichend empirische Belege dafür, dass Mädchen früher, mehr und besser sprechen als Jungen, die wiederum früher und besser Krabbeln und Laufen lernen. [S. 630 f.]
   ▬ richtig
   ▬ falsch
38. Die elterlichen Erwartungen können spätere kindliche Leistungen in bestimmten schulisch relevanten Gebieten teilweise besser statistisch vorhersagen als die konkreten Leistungen der Kinder zu früheren Zeitpunkten. [S. 652 f.]
   ▬ richtig
   ▬ falsch
39. Es gibt einen klaren unmittelbaren (d. h. direkten) positiven Zusammenhang zwischen den Testosterongrundwerten und der Aggression von Jungen nach der Pubertät. [S. 657]
   ▬ richtig
   ▬ falsch
40. Die im Durchschnitt bessere räumliche Vorstellung von Jungen im Grundschulalter erklärt die Unterschiede der Relation zwischen weiblichen und männlichen Studierenden in naturwissenschaftlichen und technischen Studiengängen. [S. 651]
   ▬ richtig
   ▬ falsch

Zur Vertiefung

■ **Kennen Sie „David Reimer"?**
▬ Informieren Sie sich im Internet darüber. Welche Auswirkungen auf die Medizin und die Geschlechterforschung hatte David Reimer?

■ **Weiterführendes Video**
▬ Die BBC hat eine gute Dokumentation gemacht, es lohnt sich, diese anzuschauen:
   – „No More Boys and Girls – Can Our Kids Go Gender Free episode 1": ► https://www.youtube.com/watch?v=wN5R2LWhTrY&t=20s. Zugegriffen: 16. Januar 2023.
   – „No More Boys and Girls – Can Our Kids Go Gender Free episode 2": ► https://www.youtube.com/watch?v=cp9Z26YgIrA&t=0s. Zugegriffen: 16. Januar 2023.

15

- **Weiterführende Literatur**
− Sie wollen mehr wissen? Ein sehr lesenswertes (und sehr gut lesbares) Buch, das Sie im Original auf Englisch, oder in der deutschen Übersetzung lesen können:
  − Eliot, L. (2010). *Pink Brain, Blue Brain: How small differences grow into troublesome gaps − and what we can do about it.* Boston: Mariner Books.
  − Eliot, L. (2010). *Wie verschieden sind sie? Die Gehirnentwicklung bei Mädchen und Jungen.* Berlin: Berlin Verlag.

- **Wegweisend für die heutigen Gender Studies**
− Butler, J. (1991). *Das Unbehagen der Geschlechter.* Frankfurt a. M.: Suhrkamp.

Beispiel einer Klausur mit Bewertungsmaßstab

Inhaltsverzeichnis

16.1   Beispielklausur – 132

16.2   Beispielnotenspiegel – 146

16.1 Beispielklausur

Matrikelnummer: _____

    Klausur im Fach: _____

    Semester und Jahr: _____

    Prüfer: _____ (Namen aller be-

teiligten Prüfer)

    Bitten denken Sie daran, dass Sie für diese Klausur 90 min Zeit haben. Die Klausur besteht aus folgenden Teilen:

1. Methoden in der Entwicklungspsychologie (15 Punkte)
2. Entwicklungspsychologie des Kindes- und Jugendalters (45 Punkte)

Die Multiple-Choice-/Multiple-Response-Fragen können mehr als eine richtige Antwortmöglichkeit beinhalten. Es ist auch möglich, dass alle oder keine der Optionen richtig sind.

    Die Richtig-falsch-Fragen sollten Ihnen eine eindeutige Antwort ermöglichen. Sollten Sie jedoch einzelne Aussagen als mehrdeutig empfinden und daher nach Ihrer Kenntnis beide Antwortoptionen gleich wahrscheinlich sein, wählen Sie trotzdem eine aus und ergänzen Sie Ihre Antwort mit einer (sehr kurzen) Begründung.

    Die offenen Fragen beantworten Sie bitte so kurz und klar wie möglich und gleichzeitig so detailliert, wie es nötig wäre, um Ihre Argumente und Aussagen nachvollziehbar zu begründen.

    Wenn Sie Korrekturen vornehmen, markieren Sie diese bitte eindeutig: Wenn nicht ersichtlich ist, welche Option(en) Sie gewählt haben, kann die Antwort nicht gewertet werden.

    Benutzen Sie bitte für Ihre Antworten zunächst diesen Klausurblock. Wenn Sie mehr Platz benötigen, als für einzelne Fragen vorgesehen wurde, schreiben Sie bitte auf der Rückseite des jeweiligen Blattes weiter. Schreiben Sie in diesem Fall dazu, dass Ihre Antwort nicht vollständig ist, und nummerieren Sie die einzelnen Textbausteine so, dass diese eindeutig einer Frage zugeordnet werden können.

    Betrugsversuche lohnen sich nicht und können Sie in ernsthaften Schwierigkeiten bringen.

    Bitte schreiben Sie leserlich und formulieren Sie möglichst unmissverständlich.

    Viel Erfolg!

    Die Beispielklausur finden Sie in ◨ Tab. 16.1.

16

Durch eine passende Karikatur, ein treffendes Zitat oder Ähnliches kann an dieser Stelle die Stimmung etwas aufgelockert werden. Dabei ist jedoch das Copyright zu beachten!

	Fragen (und Antworten)	Erreichte Punkte	Punkte Max.
Tab. 16.1 Beispielklausur			
Teil 1: Methoden in der Entwicklungspsychologie			
1.	Der Intelligenzquotient (IQ) ist		2
2.	In jeder Normalverteilung a. liegen ca. 68 % der Messwerte innerhalb einer Standardabweichung links und rechts vom Mittelwert entfernt. b. ist der Mittelwert immer 100. c. liegen ca. 95 % der Messwerte innerhalb von zwei Standardabweichungen links und rechts vom Mittelwert entfernt. d. sind die Messwerte symmetrisch um den Mittelwert verteilt. e. sinkt die Wahrscheinlichkeit, dass ein bestimmter Messwert erreicht wird mit zunehmender Entfernung vom Mittelwert. f. entspricht eine Standardabweichung immer 15 Punkten. g. liegen die meisten Messwerte nah am Mittelwert.		1
3.	Was ist der Unterschied zwischen korrelativen und kausalen Zusammenhängen? Welche Art wird in der Entwicklungspsychologie häufiger untersucht und warum?		3

(Fortsetzung)

◘ Tab. 16.1   (Fortsetzung)

	Fragen (und Antworten)	Erreichte Punkte	Punkte Max.
4.	Welche Aussage(n) trifft/treffen auf Querschnittstudien zu? a. In Querschnittstudien werden Kinder über längere Zeit wiederholt untersucht. b. In Querschnittstudien sind Altersunterschiede häufig damit konfundiert, dass die unterschiedlich alten Kinder auch unterschiedlichen Kohorten angehören. c. In Querschnittstudien werden Kinder unterschiedlichen Alters zu einem Zeitpunkt untersucht. d. Querschnittstudien erlauben keine Aussagen über die Stabilität individueller Unterschiede im Zeitverlauf.		2
5.	Entwicklung im Sinne der Entwicklungspsychologie bezeichnet jede Veränderung, solange sie das Erleben und Verhalten von Menschen betrifft. - richtig - falsch		1
6.	Definieren Sie die Begriffe „Reliabilität" und „Validität" und nennen Sie zu diesen jeweils ein Beispiel aus der Entwicklungspsychologie. _____ _____ _____ _____ _____ _____ _____ _____ _____ _____ _____ _____ _____ _____ _____		3
7.	Experimentelle Studien mit Kindern, die die Wirksamkeit bestimmter Interventionen überprüfen sollen, benötigen keine Kontrollgruppe. - richtig - falsch		1

16

◘ Tab. 16.1 (Fortsetzung)

	Fragen (und Antworten)	Erreichte Punkte	Punkte Max.
8.	Die Aufzeichnung elektrophysiologischer Aktivität ist eine nichtinvasive Untersuchungsmethode, die auch bei Babys und Kindern angewandt wird. - richtig - falsch		1
9.	Habituationsparadigmen geben Auskunft über a. die angeborenen Präferenzen des Neugeborenen. b. die Fähigkeit des Säuglings, zwischen zwei Arten von Stimuli zu unterscheiden. c. grundlegende Mechanismen des Lernens und des Gedächtnisses. d. die Gefühle, die Säuglinge gegenüber bestimmten Arten von Stimuli empfinden.		1
	Punktzahl Teil 1:		15
Teil 2: Entwicklungspsychologie des Kindes- und des Jugendalters			
10.	In Gesetzestexten findet man häufig die Angabe „Alter ab Nidation", während Mediziner meistens von „Schwangerschaftswochen (SSW)" sprechen. Ab welchem Zeitpunkt wird jeweils das Alter eines Fötus berechnet, und wie viele Wochen beträgt der Unterschied zwischen den beiden Altersangaben ungefähr?		2

(Fortsetzung)

◻ **Tab. 16.1** (Fortsetzung)

	Fragen (und Antworten)	Erreichte Punkte	Punkte Max.
11.	Zu den im Mutterleib erworbenen Fähigkeiten gehört/gehören u. a. a. die Fähigkeit, in der Melodie der eigenen Muttersprache zu schreien. b. die Unterscheidung der mütterlichen Stimme. c. die Präferenz für klassische Musik. d. konkrete, teilweise erfahrungsabhängige Geruchs- und Geschmackspräferenzen.		1
12.	Neuere wissenschaftliche Studien zeigen, dass a. geringe Mengen Alkohol während der Schwangerschaft keine nachteiligen Entwicklungseffekte für das Baby haben, wenn sie zur Entspannung der werdenden Mutter beitragen. b. Frauen, die viel rauchen, sich das Rauchen ganz allmählich im Verlauf des ersten Trimesters abgewöhnen sollten, um den Embryo nicht den Risiken eines Nikotinentzugs auszusetzen. c. Passivrauchen keine Auswirkungen auf die Sauerstoffversorgung des ungeborenen Kindes hat. d. das Rauchen der Eltern während und nach der Schwangerschaft die Gefahr des plötzlichen Kindstods um ein Vielfaches erhöht. e. die Grenzen der Alkoholtoleranz im Mutterleib sehr heterogen sind, weswegen absolute Alkoholabstinenz während der Schwangerschaft sinnvoll ist. f. die Schädigung des Ungeborenen durch Alkohol häufig irreversibel sind.		1

16

	Fragen (und Antworten)	Erreichte Punkte	Punkte Max.
13.	Eine Grundschullehrerin erklärt Ihnen, dass die Erblichkeit bei Intelligenz und vielen einzelnen kognitiven Leistungen in etwa 50 % beträgt. Daher sei die Leistungsfähigkeit bei der Hälfte aller Kinder in jeder Klasse genetisch vorbestimmt. Aufgrund ihrer langjährigen Erfahrung könne sie recht schnell bestimmen, welche Kinder das seien, und wüsste, dass bei ihnen gezielte Förderungsbemühungen zwecklos seien. Wie erklären Sie ihr den erblichen Einfluss auf die kindliche Intelligenz?		3

◘ Tab. 16.1 (Fortsetzung)

(Fortsetzung)

◻ **Tab. 16.1** (Fortsetzung)

	Fragen (und Antworten)	Erreichte Punkte	Punkte Max.
14.	Ein dominantes Allel ist _____.		1
15.	Auch deutliches Übergewicht verwächst sich bei Kindern und Jugendlichen meistens. Daher ist es kein ernst zu nehmendes Problem. - richtig - falsch		1
16.	Formulieren Sie vier Kritikpunkte an Piagets Entwicklungsmodell und nennen Sie je einen theoretischen Ansatz, der die jeweilige Schwäche zu überwinden versucht.		5

16

◘ Tab. 16.1   (Fortsetzung)

	Fragen (und Antworten)	Erreichte Punkte	Punkte Max.
17.	Welche(r) der folgenden Aspekte ist/sind zentrale(r) Bestandteil(e) soziokultureller Theorien? a. Gelenkte Partizipation b. Geteilte Aufmerksamkeit c. Rehearsal d. Selektive Aufmerksamkeit e. Soziale Stützung/Scaffolding f. Intersubjektivität		2
18.	Der Zeitpunkt, zu dem Säuglinge beginnen zu krabbeln, ist ein zuverlässiger Prädiktor für ihre kognitive Entwicklung. - richtig - falsch		1
19.	Die Eltern eines zweijährigen Jungen wenden sich an Sie, weil sie sich Sorgen um die sprachliche Entwicklung ihres Sohnes machen. Welche Meilensteine erfragen Sie, um einzuschätzen, ob es sinnvoll wäre, die Kinderärztin bzw. den Kinderarzt bei nächster Gelegenheit darauf anzusprechen?		4

(Fortsetzung)

■ Tab. 16.1 (Fortsetzung)

	Fragen (und Antworten)	Erreichte Punkte	Punkte Max.
20.	Damit der Spracherwerb gelingt, sollten Kinder zuerst eine Sprache richtig sprechen lernen, bevor sie zusätzlich eine zweite lernen. - richtig - falsch		1
21.	Die Entwicklung des kindlichen Verständnisses für Zukunft und Vergangenheit erfährt in den ersten fünf Jahren keine qualitativ bedeutsamen Veränderungen. - richtig - falsch		1
22.	Alfred Binet entwickelte den ersten Intelligenztest für Kinder, um hochbegabte Schüler identifizieren zu können. - richtig - falsch		1
23.	Ein anderer Begriff für Rechenschwäche ist a. Dyslexie. b. Dyskalkulie. c. Dysnumerie. d. Dystrophie. e. Dysgrafie.		1

16

◘ Tab. 16.1 (Fortsetzung)

	Fragen (und Antworten)	Erreichte Punkte	Punkte Max.
24.	Intelligenztests sollen Intelligenz als Konzept erfassen, gleichzeitig wird häufig behauptet, Intelligenz sei das, was der Intelligenztest misst. Beziehen Sie Stellung zu diesen kontroversen Aussagen. Finden Sie dabei jeweils mindestens drei Argumente, die für die Nützlichkeit von Intelligenztests sprechen, und drei, die auf Schwierigkeiten beim Einsatz und der Interpretation hinweisen.		4

(Fortsetzung)

◻ Tab. 16.1 (Fortsetzung)

	Fragen (und Antworten)	Erreichte Punkte	Punkte Max.
25.	Stellen Sie sich vor, Freud und Watson würden sich darüber unterhalten, welche Mechanismen die kindliche Entwicklung bestimmen. Welche Ansicht würden die beiden Theoretiker jeweils vertreten und welche Beispiele würden sie vermutlich als (vermeintliche) Beweise ihrer Theorien anführen?		5

16

◘ Tab. 16.1 (Fortsetzung)

	Fragen (und Antworten)	Erreichte Punkte	Punkte Max.
26.	Albert Bandura nahm an, dass soziales Lernen notwendigerweise auf Verstärkung und Bestrafung beruhen muss. - richtig - falsch		1
27.	Sensitive Eltern von Säuglingen unter zwei Monaten können leicht und zuverlässig unterscheiden, ob der Säugling Trauer, Angst oder Wut ausdrückt. - richtig - falsch		1
28.	Welche der folgenden Theoretiker/-innen beschäftigten sich mit dem Bindungs-konzept und mit Bindungsvoraus-setzungen? a. John B. Watson b. René Spitz c. Maria Montessori d. Mary Ainsworth e. Burrhus F. Skinner f. John Bowlby g. Iwan P. Pawlow h. Jean Piaget i. Harry Harlow		2
29.	Welche der folgenden Formen des Zusammenlebens können als Familie im Sinne der Entwicklungspsychologie gesehen werden? a. Ein verheiratetes, heterosexuelles Paar mit Kind(-ern) b. Ein verheiratetes, heterosexuelles Paar ohne Kinder c. Ein gleichgeschlechtliches Paar mit Kind(-ern) d. Ein kinderloses, „verpartnertes", gleichgeschlechtliches Paar e. Eine alleinstehende Frau und ihr Kind f. Vater, Sohn und Großvater, unabhängig davon, ob sie in einem Haushalt leben, oder nicht g. Die Großeltern, ihre erwachsenen Kinder mit Partnern und ggf. Enkelkinder		1

(Fortsetzung)

◘ Tab. 16.1 (Fortsetzung)

	Fragen (und Antworten)	Erreichte Punkte	Punkte Max.
30.	Regelmäßige, außerfamiliäre Tagesbetreuung vor dem vollendeten ersten Lebensjahr schadet grundsätzlich der Mutter-Kind-Bindung und wirkt sich negativ auf die soziale Anpassungsfähigkeit des Kindes bis in das Grundschulalter hinein aus. - richtig - falsch		1
31.	Zu den Stufen der Geschlechterentwicklung nach Kohlberg gehören a. Geschlechtsidentität b. Geschlechtsstabilität c. Geschlechterschemata d. Geschlechtsrolle e. Geschlechtskonstanz f. Geschlechtstoleranz g. Geschlechtsassimilation		1
32.	Sie lesen in einem Artikel, dass Mädchen mit sechs Jahren sprachlich kompetenter sind als Jungen. Nun wissen Sie mit ziemlicher Sicherheit, dass a. die meisten sechsjährigen Mädchen einen besseren Wortschatz haben als die meisten sechsjährigen Jungen. b. mehr als die Hälfte aller Mädchen überdurchschnittlich sprachbegabt ist. c. es biologisch-genetische Ursachen dafür gibt, dass Jungen im Durchschnitt sprachlich schlechter abschneiden als Mädchen. d. Mädchen besser lesen als Jungen. e. es im Durchschnitt bei einer nicht näher definierten sprachlichen Leistung statistisch signifikante Unterschiede zwischen sechsjährigen Mädchen und Jungen gibt. f. die Überlappung der Stichproben von Mädchen und Jungen bezüglich einer nicht näher definierten sprachlichen Leistung weniger als 80 % beträgt. g. Jungen ein höheres Risiko für spezifische Sprachentwicklungsstörungen aufweisen.		2
33.	Alle Babys werden mit eindeutig weiblichem oder männlichem (biologischem) Geschlecht geboren, äußerlich ist dieses an den Genitalien zu erkennen. - richtig - falsch		1

16

◘ Tab. 16.1 (Fortsetzung)

	Fragen (und Antworten)	Erreichte Punkte	Punkte Max.
34.	Die elterlichen Erwartungen können spätere kindliche Leistungen in bestimmten schulisch relevanten Gebieten teilweise besser statistisch vorhersagen als die konkreten Leistungen der Kinder zu früheren Zeitpunkten. - richtig - falsch		1
	Punktzahl Teil 2:		45
	Gesamtpunktzahl:		
	Note:		
	Rückmeldung und Erläuterungen: ——————————————— ——————————————— ——————————————— ——————————————— ——————————————— ——————————————— ——————————————— ——————————————— ——————————————— ——————————————— ——————————————— 		
	Unterschrift Prüfer/-in: ———————————————		

16.2 Beispielnotenspiegel

Klausur Entwicklungspsychologie											
Noten	1	1,3	1,7	2	2,3	2,7	3	3,3	3,7	4	5
Häufigkeit	6	14	7	7	9	3	4	5	3	1	4
Mittelwert	2,253125										
Standardabweichung	1,07555357										
Median	2										

Antworten auf die geschlossenen Fragen

Inhaltsverzeichnis

17.1   **Antworten zu ▶ Kap. 1 – Die Entwicklung von Kindern: Eine Einführung – 150**
17.1.1   Multiple Response – 150
17.1.2   Richtig oder falsch? – 150

17.2   **Antworten zu ▶ Kap. 2 – Pränatale Entwicklung, Geburt und das Neugeborene – 150**
17.2.1   Multiple Response – 150
17.2.2   Richtig oder falsch? – 151

17.3   **Antworten zu ▶ Kap. 3 – Biologie und Verhalten – 151**
17.3.1   Multiple Response – 151
17.3.2   Richtig oder falsch? – 152

17.4   **Antworten zu ▶ Kap. 4 – Theorien der kognitiven Entwicklung – 152**
17.4.1   Multiple Response – 152
17.4.2   Richtig oder falsch? – 153

17.5   **Antworten zu ▶ Kap. 5 – Die frühe Kindheit – Sehen, Denken, Tun – 153**
17.5.1   Multiple Response – 153
17.5.2   Richtig oder falsch? – 153

17.6   **Antworten zu ▶ Kap. 6 – Die Entwicklung des Sprach- und Symbolgebrauchs – 154**
17.6.1   Multiple Response – 154
17.6.2   Richtig oder falsch? – 154

© Springer-Verlag GmbH Deutschland, ein Teil von Springer Nature 2023
M. Stolarova, S. Pauen, *Prüfungstrainer zur Entwicklungspsychologie im Kindes- und Jugendalter*,
https://doi.org/10.1007/978-3-662-64720-2_17

17.7 Antworten zu ▶ Kap. 7 – Die Entwicklung
von Konzepten – 154

17.7.1 Multiple Response – 154
17.7.2 Richtig oder falsch? – 155

17.8 Antworten zu ▶ Kap. 8 – Intelligenz und schulische
Leistungen – 155

17.8.1 Multiple Response – 155
17.8.2 Richtig oder falsch? – 155

17.9 Antworten zu ▶ Kap. 9 – Theorien der sozialen
Entwicklung – 156

17.9.1 Multiple Response – 156
17.9.2 Richtig oder falsch? – 156

17.10 Antworten zu ▶ Kap. 10 – Emotionale Entwicklung – 157

17.10.1 Multiple Response – 157
17.10.2 Richtig oder falsch? – 157

17.11 Antworten zu ▶ Kap. 11 – Bindung
und die Entwicklung des Selbst – 158

17.11.1 Multiple Response – 158
17.11.2 Richtig oder falsch? – 158

17.12 Antworten zu ▶ Kap. 12 – Die Familie – 159

17.12.1 Multiple Response – 159
17.12.2 Richtig oder falsch? – 159

17.13 Antworten zu ▶ Kap. 13 – Beziehungen
zu Gleichaltrigen – 160

17.13.1 Multiple Response – 160
17.13.2 Richtig oder falsch? – 160

17.14 Antworten zu ▶ Kap. 14 – Moralentwicklung – 160

17.14.1 Multiple Response – 160

17.14.2 Richtig oder falsch? – 161

17.15 Antworten zu ▶ Kap. 15 – Die Entwicklung der Geschlechter – 161

17.15.1 Multiple Response – 161

17.15.2 Richtig oder falsch? – 162

17.1 Antworten zu ▶ Kap. 1 – Die Entwicklung von Kindern: Eine Einführung

17.1.1 Multiple Response

21. b
22. a, b, c und d
23. a, c und e
24. a, b, c und d
25. –
26. c
27. b
28. b, c und d
29. b und d
30. a, b, c, e und f

17.1.2 Richtig oder falsch?

31. falsch
32. richtig
33. richtig
34. richtig
35. falsch
36. richtig
37. falsch
38. falsch
39. falsch
40. richtig
41. falsch

17.2 Antworten zu ▶ Kap. 2 – Pränatale Entwicklung, Geburt und das Neugeborene

17

17.2.1 Multiple Response

10. b, c, f und g
11. d und e
12. a, b, c und e
13. a, b, c, e und f
14. a, b, c, d und e
15. a, b und d
16. d, e und f

17. b und c
18. a, g und i
19. a, b und d
20. c

17.2.2 Richtig oder falsch?

21. richtig
22. richtig
23. falsch
24. falsch
25. falsch
26. falsch
28. falsch
29. richtig
30. falsch
31. falsch
32. falsch
33. falsch
34. falsch
35. falsch
36. falsch
37. richtig
38. falsch
39. falsch
40. falsch

17.3 Antworten zu ▶ Kap. 3 – Biologie und Verhalten

17.3.1 Multiple Response

17. b
18. a, c und e
19. a und c
20. a und d
21. d
22. c
23. a, b, d und e
24. b und d
25. c
26. a, b, c, d und e
27. c
28. c, d und e

29. d und g
30. b
31. a
32. a, b, d, e und f
33. a, c und e

17.3.2 Richtig oder falsch?

34. falsch
35. richtig
36. falsch
37. falsch
38. falsch
39. richtig
40. falsch
41. richtig
42. falsch
43. richtig
44. richtig
45. richtig
46. richtig
47. falsch
48. richtig
49. falsch
50. richtig
51. falsch
52. richtig
53. richtig

17.4 Antworten zu ▶ Kap. 4 – Theorien der kognitiven Entwicklung

17.4.1 Multiple Response

21. a, c, d und f
22. b, d und g
23. b und d
24. b, c und f
25. c, d, e und f
26. a, c und e
27. b und d
28. c
29. a, b, e und f
30. a und c
31. a, b, c, e und f

17

17.4.2   Richtig oder falsch?

32. falsch
33. falsch
34. richtig
35. falsch
36. richtig
37. richtig
38. richtig
39. richtig
40. richtig
41. falsch
42. richtig

17.5   Antworten zu ▶ Kap. 5 – Die frühe Kindheit – Sehen, Denken, Tun

17.5.1   Multiple Response

18. a, b, c, d, e, f, g, h und i
19. c, e und f
20. a, c und d
21. b
22. b, c und d
23. a, b und c
24. a, b, c, d, e, f und g

17.5.2   Richtig oder falsch?

25. falsch
26. falsch
27. falsch
28. richtig
29. richtig
30. richtig
31. richtig
32. richtig
33. falsch
34. falsch
35. falsch
36. richtig
37. falsch
38. richtig
39. falsch

17.6   Antworten zu ▶ Kap. 6 – Die Entwicklung des Sprach- und Symbolgebrauchs

17.6.1   Multiple Response

19. a, c und d
20. a, c und d
21. b und d
22. d und e
23. a, c und d
24. c und d
25. a, d und e
26. b und c
27. f
28. b
29. b

17.6.2   Richtig oder falsch?

30. richtig
31. richtig
32. richtig
33. richtig
34. richtig
35. falsch
36. falsch
37. richtig
38. falsch
39. falsch
40. richtig
41. falsch
42. falsch

17.7   Antworten zu ▶ Kap. 7 – Die Entwicklung von Konzepten

17

17.7.1   Multiple Response

15. d
16. d
17. a, b, e und f
18. d
19. b und d

20. b, d und e
21. a und d
22. c und e
23. a und c

17.7.2 Richtig oder falsch?

24. falsch
25. richtig
26. richtig
27. falsch
28. falsch
29. falsch
30. falsch
31. richtig
32. richtig
33. falsch
34. falsch
35. richtig
36. falsch

17.8 Antworten zu ▶ Kap. 8 – Intelligenz und schulische Leistungen

17.8.1 Multiple Response

18. b
19. d, h, k, l und m
20. a, c, d, e und g
21. b und d
22. a, b und d
23. –
24. a, c, d und f
25. b und c
26. a und c
27. b

17.8.2 Richtig oder falsch?

28. falsch
29. richtig
30. falsch
31. richtig

32. falsch
33. richtig
34. richtig
35. falsch
36. falsch
37. richtig
38. falsch
39. richtig
40. falsch
41. falsch
42. falsch
43. falsch
44. falsch

17.9   Antworten zu ▶ Kap. 9 – Theorien der sozialen Entwicklung

17.9.1   Multiple Response

22. b, d, e und g
23. b, c, d und e
24. b, c, d und f
25. d, g, j und l
26. c und f
27. b, e und f
28. a, c und d
29. b
30. a, d und e
31. b, c, d, e und f
32. a, c und d
33. a, b, d, e und f

17.9.2   Richtig oder falsch?

34. falsch
35. falsch
36. falsch
37. falsch
38. richtig
39. richtig
40. falsch
41. richtig
42. richtig

17

17.10 Antworten zu ▶ Kap. 10 – Emotionale Entwicklung

17.10.1 Multiple Response

12. b und c
13. a und b
14. a, b, e, f, g und i
15. b, d, e, f und g
16. b und c
17. a, b und c
18. a, d und e
19. c und d
20. a, b und c
21. d und e

17.10.2 Richtig oder falsch?

22. richtig
23. falsch
24. falsch
25. falsch
26. falsch
27. richtig
28. falsch
29. falsch
30. falsch
31. falsch
32. falsch
33. falsch
34. richtig
35. richtig
36. falsch
37. falsch
38. richtig
39. falsch
40. falsch

17.11   Antworten zu ▶ Kap. 11 – Bindung und die Entwicklung des Selbst

17.11.1   Multiple Response

12. a, c und d
13. b, d, f und i
14. b, d und e
15. a, b und d
16. b und d
17. a, b, c, e und f
18. a, c, d und f
19. b, d und e
20. b
21. a, d und e
22. a, b, c, d und e

17.11.2   Richtig oder falsch?

23. richtig
24. richtig
25. richtig
26. richtig
27. richtig
28. falsch
29. falsch
30. falsch
31. falsch
32. falsch
33. falsch
34. falsch
35. richtig
36. falsch
37. richtig
38. falsch
39. richtig
40. falsch
41. falsch

17

17.12   Antworten zu ▶ Kap. 12 – Die Familie

17.12.1   Multiple Response

12. c
13. a, b, c, d, e, f und g
14. b
15. b, c, f und g
16. d und e
17. a, c und d
18. a, b, c, d und e
19. a, c, e, f, g und h
20. b, d und e
21. a, b, c, d und f
22. c und e
23. a, b, c, d, e, f, g, h, i, j, k, l, m und n

17.12.2   Richtig oder falsch?

24. falsch
25. richtig
26. falsch
27. richtig
28. richtig
29. falsch
30. falsch
31. richtig
32. falsch
33. richtig
34. falsch
35. falsch
36. richtig
37. richtig
38. falsch
39. falsch
40. falsch

17.13   Antworten zu ▶ Kap. 13 – Beziehungen zu Gleichaltrigen

17.13.1   Multiple Response

16. a, b, e, f und g
17. a, b, f und g
18. a, b, c und e
19. a und e
20. a und b
21. a, b, c, d, h und j
22. g, i und k
23. b und c
24. a und e
25. b, c und e

17.13.2   Richtig oder falsch?

26. falsch
27. richtig
28. richtig
29. richtig
30. falsch
31. falsch
32. richtig
33. richtig
34. richtig
35. richtig
36. richtig
37. richtig
38. falsch
39. falsch
40. falsch

17.14   Antworten zu ▶ Kap. 14 – Moralentwicklung

17.14.1   Multiple Response

13. a, b, c und e
14. a und c
15. a, e und h
16. a, b, c und d

17

17. a, c und d
18. a, b und d
19. a, b und d
20. a, b, c und d
21. a, b, d und f
22. c
23. a, b, c und e

17.14.2 Richtig oder falsch?

24. richtig
25. falsch
26. richtig
27. richtig
28. richtig
29. falsch
30. richtig
31. falsch
32. richtig
33. richtig
34. richtig
35. richtig
36. falsch
37. richtig
38. richtig
39. falsch
40. richtig

17.15 Antworten zu ▶ Kap. 15 – Die Entwicklung der Geschlechter

17.15.1 Multiple Response

17. c
18. a, b und c
19. b, d und e
20. a, b und e
21. a, b und c
22. a, c, d und e
23. b
24. b, c und d
25. b und c
26. e

17.15.2 **Richtig oder falsch?**

27. falsch
28. richtig
29. falsch
30. richtig
31. falsch
32. richtig
33. falsch
34. richtig
35. falsch
36. falsch
37. falsch
38. richtig
39. falsch
40. falsch

Printed in the United States
by Baker & Taylor Publisher Services